海南文獻叢刊·分傳一

# 白玉蟾
# 學貫百家·書畫雙絕

王 會 均 著

文史哲出版社印行

國家圖書館出版品預行編目資料

白玉蟾：學貫百家·書畫雙絕 / 王會均著
-- 初版-- 臺北市：文史哲，民 102.08
頁； 公分. --（海南文獻叢刊；10）
ISBN 978-986-314-133-4（平裝）

1.（宋）白玉蟾 2.傳記

782.852　　　　　　　　　　102015442

海 南 文 獻 叢 刊　　10

# 白玉蟾：學貫百家·書畫雙絕

著　　者：王　　　　會　　　　均
出 版 者：文　史　哲　出　版　社
　　　　　http://www.lapen.com.tw
　　　　　e-mail：lapen@ms74.hinet.net
登記證字號：行政院新聞局版臺業字五三三七號
發 行 人：彭　　　　正　　　　雄
發 行 所：文　史　哲　出　版　社
印 刷 者：文　史　哲　出　版　社
　　　　　臺北市羅斯福路一段七十二巷四號
　　　　　郵政劃撥帳號：一六一八○一七五
　　　　　電話886-2-23511028 · 傳真886-2-23965656

實價新臺幣三六○元

中 華 民 國 一 ○ 二 年 （2013） 八 月 初 版

海南文獻叢刊

王會均編纂

吳大猷題

II 白玉蟾：學貫百家 書畫雙絕

# 海南文獻叢刊龔序

　　海南（舊名瓊崖）孤懸海外，爲我國南疆國防之重要屏障，世人固知之諗矣，而其礦藏之豐富，土壤之膏沃，教育之普及，民俗之淳厚等等，則鮮爲世悉。鼎革以還，南中及國內各界名流，曾聯名條陳建省，北伐統一，鄉人宋子文陳策諸人復大力倡議開發，喧騰一時，遂爲世所矚目，因而私人旅遊觀光者有之，組隊探究考察者有之，建教機構之提綱調查，專業團體之特定撰述，林林總總，不一而足，撰述之項目雖殊，開發之主張則一，其受各方人士之重視，已可概見，而珠璣文章，亦可列爲地方文獻而無愧。

　　緬維吾人有維護文獻之義務，尤有發揚光大之責任，民初之際，海口海南書局曾收集邱文莊海忠介二公與諸前賢之學術著作從政書疏與文稿，都三十餘種，編印爲海南叢書行世，此舉對顯彰前賢，啓迪後學，與夫保存文獻各方面，厥功其偉，惜乎連年兵燹，多遭戰火而燬失，今能倖存者，想已無幾矣。

　　本邑王君會均，青年有為，對於方志典籍以及地方文獻等卷帙，搜存尤為用心，前曾刊行海南文獻簡介一書，甚得佳評，今特將多年收藏之四百餘種有關海南文獻典籍中，擇其精要，作有系統之整理，編成「海南文獻叢刊」，而將次第印行，冀保文獻於久遠，作開發之津梁，復可供邦人君子暨中外學者作研究海南種種問題之參考，一舉數得亦可免珠沉滄海，玉蘊深山而不得用世焉。

　　　　　　　　**龔少俠** 中華民國七十五年（1986）
　　　　　　　　　　　丙寅十二月行憲紀念日

# 白玉蟾
# 學貫百家　書畫雙絕

## 目　次

哲學大師、道教南宗五世祖白玉蟾

玉蟾宮　道教聖地（海南定安）

南宗宗壇　玉蟾宮

玉蟾宮　南院牌樓

玉蟾宮　文筆書院　學術論壇

玉蟾宮　登山石階

玉蟾宮　殿堂瑰麗　山水秀美

# 書《白玉蟾：學貫百家　書畫雙絕》成

> 莫笑瓊山僻一隅，有人飽讀世間書。
> 何曾地脉斷滄海，自是神仙混市區。
> 到處炎涼無冷熱，隨緣煙火不饑虛。
> 定應月裏長生藥，竊得成功號玉蜍（蟾）。
>
> 　　　　　山澤道人李訦〈詩贈瓊山高人〉

　　白玉蟾真人，乃海南文化史上著名詩人、文學家、書畫藝術家、哲學宗師，亦是道教丹鼎派南宗五世祖，被詔封為"紫清明道真人"（一作：養素真人）。於中國哲學史、文學史、美術史、書法史、道教史上，皆具有不可泯滅價值，并佔有極崇高地位，暨莫大的影響力。

　　白玉蟾(1134~1229)氏，本姓：葛、諱：長庚，字：如晦、白叟，號：瓊琯、海瓊子、武夷散人、瓊山道人、神霄散吏，世稱：海瓊先生，學稱：紫清先生，瓊州府（今名：海南省）瓊山縣五原都顯屋村（今海口市秀英區石山鎮典讀村）人。

　　白玉蟾真人，自幼天資聰敏絕倫，齠齡能詩賦，背誦九經。十歲（王國憲《瓊山縣志》作：年十二）應童子科（董天功《武夷山志》作：神童科），主司命賦〈織機〉詩，應聲詠曰：**天地山河作織機，百花如錦柳如絲。**
**　　　　虛空白處做一疋，日月雙梭天外飛。**

　　主司意其狂，黜而弗錄，遂拂袖歸（彭耜竹林〈神仙通鑑‧白真人事蹟三條〉有載）。

　　白玉蟾氏，早知方外之學，無心科名，有志道學，乃棄儒從道。於是乎哉，專思學仙，毅然就道，出家雲游，四方尋師，事翠虛陳泥丸而學道焉。得太乙刀圭之妙，九鼎金丹之書，長生久視之術，紫霄嘯命風霆之文，出有入無飛昇隱顯之法，悉受諸玄秘，盡得其旨訣。乃披髮而佯狂，游走江南，名山大川，都城邊邑，濟人度世矣！

　　白玉蟾真人，聰敏穎異，博洽群書，精研道學，窮究哲理，心通三氏（儒、釋、道），學貫九流，籠罩百家。承諸仙師遺緒，吸納各道派精華，創新南宗道法理念，改進單傳口授心法，開南宗教規、教儀、教律之先例，建立完整性制度與規範。廣收門徒弟子，立教設靖建醮，教化世俗人心，被譽為南宗五世祖，聲名著顯於天下耶。

　　白玉蟾氏，自稱：「非道非釋亦非儒，讀盡人間不讀書。非凡非聖亦非士，識破世上不識事。」類像文化游俠，無論是訪學論道，或是以文會友。每與客語，或是為文，引經據典，若泉湧然。或直抒胸臆，皆能運用自如。若當世飽學者，亦未能也。於是顯示，文思汪洋，才華橫溢，其創作之文、詞、詩、賦、歌、曲等不同形式之作品，莫無生色增輝，那怕是孤章片紙，出其神來之筆，就有人用心珍藏。於南宋諸碩學鴻儒中，無人能以學識獨步天下，唯對白玉蟾來說，益顯深厚的學識經驗，暨才藝素養根基，亦更顯現出以才士命世風采，確實令人讚嘆，亦讓人驚奇！

　　白玉蟾氏，不只能詩文善歌賦，更工書而精畫。據史書載云：「大字草書，視之若龍蛇飛動。兼善篆隸，尤妙梅竹，而不輕作。間或自寫其容，數筆立就，工畫者不能及也。」其所畫人物，殊有吳道子風韻。於今臺北市：國立故宮博物院珍藏《四言詩卷》（草書），款署：玉蟾。其詩文，曰：

　　　　天朗氣清，三光洞明。金房曲室，五芝寶生。

　　　　天雲紫蓋，來映我形。玉童侍女，爲求天靈。

　　　　九帝高氣，三光洞軒。得爾飛蓋，昇入紫庭。

　　綜觀《天朗氣清詩》（草書），洋溢著浮游的仙氣，蕩漾著清虛的神采。似有經堂清煙徐徐環繞之狀，亦有空谷浮雲出岫之形。其筆法遠紹羲獻，章法近師旭素，實開明代草書之先河。就整幅作品窺之，行筆氣勢非凡，情感淋漓盡致，大有草書大家張旭、懷素之墨韻。乃南宋書家中的翹楚，亦係海南第一位詩書畫家。

　　白玉蟾真人，學貫儒釋道，藝精詩書畫，隨身無片紙，落筆滿天下。或應酬唱和、或旅居題壁、或酒後放歌，或應請償索、或弟子問道、或伏案著述、或講經傳道，文思汪洋，不假思索，頃刻數千言。其為文制藝，無所不能，洋洋灑灑，百體并陳，天才橫溢，儀態萬方，乃震古爍今的曠世奇才。在學術上，誠與蘇軾、陸游、朱熹、陸九淵、辛棄疾等碩學鴻儒相媲美矣！

　　本篇以「白玉蟾真人」為主題，從道學、史學理念，暨資訊科學（書目、索引）角度，就其相關文獻史料，作系統化分析，暨綜合性研究。俾有助方家賢達，暨邦人士

子，對白玉蟾真人於完整性的認知及思維，以示景仰與追思，藉慰在天之英靈！

是帙具有「個人傳記」屬性，兼備「書目索引」的特質。全書主要內容，除疑言及結語外，計分：生平、道宗、著作、評介四大部分（尤以道宗一卷，更是本篇精華），作深入分析論述，並有「注釋」及「參考文獻」，以明資料出處，期供方家查考。

從著作之內容分析：係指白玉蟾真人之著作（知見藏板）而言，計有：經部七種、子部四十一種、集部四十八種，暨藝部（藝術）書類五種、畫類八幀。大都是「善本書」，罕見藏板，彌足珍貴，視同瑰寶矣。

就評介之論著統計：係指海內外學者之著作而言，計有：專書三種、學位論文三種，論文（一二九篇）。最珍貴者，乃博士論文一種、碩士論文二種。於是顯見，白玉蟾真人之道法思想，備受學者專家之敬重與景仰，暨在道教學術上之地位與價值也。

本書選用《白玉蟾與海南道教研究文集》「圖片」三幀，特此說明並致謝忱，以不奪諸先進賢達之美。於書末附錄：作者暨書（篇）名索引，方便讀眾查閱。

中華民國九十九年(2010)歲次庚寅之十月十六日
王會均書於臺北市「海南文獻史料研究室」

# 卷之首　疑　言

　　宋・白玉蟾真人，本姓葛、名長庚，字如晦、眾甫，號瓊琯、蠙庵，又號：雲外子、海南翁、海瓊子、瓊山道人、神霄散吏，尊稱：海瓊先生。卻以"白玉蟾"之名，著顯天下，美哉！盛矣！

　　白玉蟾真人，乃一著名的道學家，亦係名滿天下的哲學大師。其天資穎異，博洽群書，精鑽道學，窮究哲理，心通三氏（儒、釋、道），學貫九流，籠罩百家。不僅是道教南宗正統：丹鼎派中最傑出的仙才，更是神仙家中震古爍今的人物。其核心思想，對宋、元之後，道教的影響力，既深邃又鉅大耶。

　　白玉蟾氏，係著名的文學家，名詩人，亦係著名書畫家。其創作之文、詞、詩、賦、歌、曲等不同形式的作品，非紾學識而能，不假思維而得，就漢、唐、宋代詩文大家，諸如：司馬遷、班固、韓愈、柳宗元、杜甫、李白、李賀，暨蘇洵、蘇軾、蘇轍之成就，亦不能與其倫比。蓋白玉蟾之詩文，不可以世之常法論焉！

　　白玉蟾氏，不僅能詩文善歌賦，更而工書精畫。據史書紀載「大字草書，視之若龍蛇飛動。兼善篆隸，尤妙梅竹，而不輕作。間或自寫其容，數筆立就，工畫者不能及。」其所畫人物，殊有吳道子風韻也。

　　白玉蟾氏，學貫儒釋道，藝精詩書畫，隨身無片紙，落筆滿四方。於道教史上博學多才而著作宏富的一代宗師，乃道流中最傑出的仙才。若就著作之豐贍，文采之典雅，暨詩文之風格言之，不僅是修辭典雅華麗，而且結構上才思縱恣，儀態萬方，是為震古爍今之曠世奇才。在學識（術）上，誠與蘇軾、陸游、朱熹、陸九淵、辛棄疾等碩學鴻儒相媲美！

　　白玉蟾氏，於海南史上，是顆燦亮的流星，在寧靜的夜色中，輝放著綺麗的光彩，然瞬間消踪即逝。其飄然身姿，凌空雲游，遊向何方，撲朔迷離，神異莫測，留給世人無解的疑惑與迷思，引發諸多的爭議（眾說紛紜）。

　　白玉蟾氏，是位極富神秘色彩的人物（道仙），於宋代道教發展史上，佔有舉足輕重的地位。然生平事蹟，宋史無傳，明清志書，多有記載，亦較具體。唯生卒年歲，道書記載不一，學術界眾說紛紜，於今尚無定論矣！

## 生　年

　　白玉蟾的出生年，就史料言之，有兩種不同記載。其一說：生於宋光宗紹熙甲寅三月十五日，亦就是宋光宗紹熙五年(1194)甲寅歲三月十五日耶。

　　宋・彭耜（白玉蟾大弟子）作〈海瓊玉蟾先生事實〉云：先生姓葛，諱長庚，字白叟，先世福之閩清人。母氏夢食一物如蟾蜍，覺而分娩。時大父有興，董教瓊琯，是生于瓊，蓋紹熙甲寅三月之十五日也（參見《宋

白真人玉蟾全集》卷之十一・附錄／頁七一六）。

彭耜之後，金桂馨、漆逢源《逍遙山萬壽宮志》（卷五・白真人傳）、楊宗彩《民國　閩清縣志》（卷八・方外傳），即據是說。於今北京大學《全宋詩》（一九九五年第二版），斷定其生年為一一九四年，亦就宋光宗紹熙五年歲次甲寅，此說亦多為學術界所沿用焉。

其二說，係生於宋高宗紹興甲寅三月十五日，亦就是宋高宗紹興四年(1134)甲寅歲三月十五日也。

清・彭翥竹林，所作〈神仙通鑑白真人事蹟三條〉文曰：玉蟾，本姓葛。大父有興，福州閩清縣人，董教瓊州。父振業，於紹興甲寅歲三月十五日，夢道者以玉蟾蜍授之，是夕產子，母即玉蟾名之，以應夢（參見《宋白真人玉蟾全集》（卷之十一・附錄／頁七一八）。

又云：白玉蟾氏，南宋孝宗淳熙三年(1176)丙申，時年四十二歲，遊甬東海濱，適陳泥丸見而憐之。……光宗紹熙二年(1191)辛亥，年已五十八，拜辭下山，大隱酆市。……於寧宗慶元三年(1197)丁巳，時年六十四，再入武夷，癡坐九年，然後出山。……

彭翥竹林之後，阮　元《道光　廣東通志》、陳玉祥《同治　祁陽縣志》等志書，大都依據此說。於今海南本土學林士子，亦多採用其說。

## 壽　年

白玉蟾的卒年，更是撲朔迷離，眾說紛紜，莫衷一

是，就文獻史料記載，分別臚著於次，以供方家查考。

　　宋・彭　耜（白玉蟾大弟子）作〈海瓊玉蟾先生事實〉云：「……紹定己丑冬，或傳先生解化於盱江。……逾年(1230)，人皆見於隴蜀，又未嘗有死，竟莫知所終。……」

　　宋・彭耜作〈海瓊玉蟾先生事實〉文中，明言白玉蟾真人，生于瓊，蓋紹熙甲寅三月之十五日也。亦就南宋光宗紹熙五年(1194)甲寅歲三月十五日，於南宋理宗紹定二年(1229)己丑歲冬，或傳解化於盱江（今江西省臨川江），亦就「古盱水」。

　　白玉蟾〈呼喚體自述〉（七言律）詩，嘗云；「只貪飲酒與吟詩，煉得丹成身欲飛。曩劫曾為觀大士，前生又是泗禪師。蓬萊舊路今尋著，兜率陀天始覺非。料我年當三十六，青雲白鶴是歸期。」以歲計之，似若相符。是說，認為白玉蟾氏，享年三十六，學林士子，亦多沿用。

　　又云：逾年，亦就南宋理宗紹定三年(1230)庚寅歲。人皆見於隴（今甘肅省）蜀（今四川省），又未嘗有死，竟莫知所終。誠然，白玉蟾真人，究竟卒於何年，迄今仍是無法解答的疑惑！

　　明・陳　璉《羅浮山志》（增補）記載，白玉蟾終年最少九十六歲。其《增補羅浮山志》（卷七）載云：「嘉定十五年(1222)壬午歲十月，白玉蟾臨江軍之江月亭。飲酣袖出一詩，與諸從游。未及展現，已躍身江流中，諸從游疾呼援溺，先生出水面搖手止之，皆謂已水

解矣。是月又見於融州老君洞，由是度桂嶺，返三山，復歸于羅浮。紹定二年(1229)己丑歲冬，或傳先生解化於旴江。先生嘗有詩云：待我年當三十六，青雲白鶴是歸期。以歲計之，似若相符。逾年(1230)人皆見於隴蜀，又未嘗有死，竟莫知所終。

　考耜為玉蟾弟子，所紀當實，蟾生於紹興甲寅(1134)，至紹定己丑(1229)，計九十六歲。云三十六歲者，除去一甲子也。」陳璉氏，認為白玉蟾卒於南宋理宗紹定二年(1229)己丑歲，僅為所傳，時白玉蟾已九十六歲。

　依據文獻史料窺之，白玉蟾氏，生於南宋高宗紹興四年(1134)甲寅歲三月十五日，至南宋理宗紹定二年(1229)己丑歲冬，計九十六歲。至於九十六歲之後，則給世人無法解答的疑惑，諸如：

　宋‧彭耜（白玉蟾大弟子）作〈海瓊玉蟾先生事實〉文中有云：「逾年，人皆見於隴蜀，又未嘗有死，竟莫知所終。」（參見《宋白真人玉蟾全集》卷之十一‧附錄／頁七一六）

　案：逾年，亦就是南宋理宗紹定三年(1230)庚寅歲。

　宋‧潘牥（文林郎新鎮南軍節度推官）作〈海瓊玉蟾先生文集原序〉稱：「……僕頃未識瓊山，一日會於鶴林彭徵君座上，時飲半酣，見其掀髯抵掌，伸紙運墨如風。……」序文末署「端平丙申」，亦就是南宋理宗端平三年(1236)歲次丙申。其時白玉蟾似尚健在，則比紹定二年(1229)己丑歲（冬），更多達七年矣！

　　元・虞集〈景霄雷書後序〉亦云：「……瓊琯白玉蟾先生，系接紫陽，隱顯莫測，今百數十年，八九十歲人多曾見，江右遺墨尤多。……」虞集認為白玉蟾長壽一百幾十歲，則白玉蟾氏，有可能於宋末元初，尚在人世。

　　明・唐冑《正德　瓊臺志》（卷第四十・人物五・仙釋）載云：「……玉蟾吾鄉人，少聞諸父兄云，元末父老猶及見還鄉者，道其事甚詳，此不能悉。」（引自明・王佐（字桐鄉）作〈夜宿武夷止庵詩并序〉，參見《宋白真人玉蟾全集》卷之十一・附錄／頁七三七）。

　　此外，白玉蟾真人，於何地尸解，亦是眾說紛紜。於今學術界，亦難獲得一致性的認知與共識。諸如：

　　其一是解化於盱江說：緣自宋・彭耜（白玉蟾大弟子）作〈海瓊玉蟾先生事實〉文中云：「……紹定己丑(1229)冬，或傳先生解化於盱江。先生嘗有詩云：待我年當三十六，青雲白鶴是歸期。以歲計之，似若相符。逾年(1230)，人皆見於隴蜀，又未嘗有死，竟莫知所終。」（引自《宋白真人玉蟾全集》卷之十一・附錄／頁七一七）。

　　宋・彭耜（鶴林）之後，明・陳璉《羅浮山志》（卷四七）、楊宗彩《民國　閩清縣志》（卷八・方外傳），亦持是說。

　　張國宏《宗教與盧山》（江西人民出版社，一九九三年三月版，頁一九七）云：「宋理宗紹定二年(1229)，白玉蟾卒于盱江（今江蘇盱眙），結束了為道的一生。」

　　吳　楓、宋一夫《中華道學通典》（海南省海口市，

南海出版公司，一九九四年四月版，頁八三八）云：白玉
蟾，最後卒于盱江（江西南昌汝河）。

　　然南宋理宗紹定二年(1229)己丑冬之後，逾年(1230)歲
次庚寅，人皆見於隴（今甘肅省）、蜀（今四川省），又
未嘗有死，竟莫知其所終。於是顯示，白玉蟾氏，并未
"卒於盱江"（今江西省臨川江），亦就「古盱水」。

　　其二是解於海豐縣說：首在元・趙道一《歷世真仙體
道通鑑》（卷四九・白玉蟾）云：白玉蟾，後縱游名山，
莫知所自，或云尸解於海豐縣。

　　清・董天功《武夷山志》（卷一八・方外・仙）云：
白玉蟾，與眾泛西湖，酒酣躍入水，尋於海豐見之。

　　清・嵇　璜等奉敕編《續文獻通考》，又名《欽定續
文獻通考》（卷二四三）曰：「白玉蟾，人云：尸解於海
豐縣。」

　　福建通志局《民國　福建通志》（列仙傳）云：白玉
蟾，行至臨江軍，飲江月亭，躍身江流中，眾疾呼舟援
溺，玉蟾出水面，搖手止之而沒。是月見於融州老君洞，
由是莫知所之，或云：尸解於海豐縣。

　　其三是解於武夷山說，清・彭翥竹林〈神仙通鑑白真
人事蹟三條〉云：於武夷山，真人召眾話別，坐而尸解，
頂升一鶴，沖空而逝（參見《宋白真人玉蟾全某》卷之十
一・附錄／頁七二一）。

　　宋・謝顯道（紫壺道士）編《海瓊白真人語錄》（卷
一），載有留元長（紫元子）詩〈真師墨跡飛動壁間〉，
云：　　　　**止止庵前九曲溪，我來倚櫂對斜暉。**

逢人還問師歸未？但見龍蛇壁上飛。

由此詩窺之，留元長到武夷山止止庵，尋找不到白玉蟾，只見白玉蟾的墨迹，留在壁上。又一詩，云：

飛步來尋換骨岩，空餘遺蛻窆琅函。

紫元豈是無仙分，底事憑誰為指南？

從這首詩觀之，乃留元長來到武夷山換骨巖，看到白玉蟾遺蛻，感嘆此後修煉，乏人指教！於是顯見，師徒情深而懷思矣。

再從白玉蟾〈華陽吟〉（七言絕），其六，詩云：

武夷結草二年餘，花笑鶯啼春一壺。

流水下山人出洞，巖前空有煉丹爐。

此首詩，深感到“人去洞空”，祇有煉丹爐尚在。從上述的這幾首詩窺之，白玉蟾似是尸解於武夷山換骨巖。

近年來，海南邦人士子，尤其是定安縣文士，大都認同：白玉蟾氏，雲游四方，尋師學道，於得道後，老歸鄉里（海南）。更有傳說，白玉蟾老年，歸隱文筆峰，於“升仙崖“上，羽化成”仙“，飛升云云。

白玉蟾氏，生在瓊州，長在海南，幼知方外，專思學道，飄游四方，名山碧水，走遍天下。俗云“鳥倦歸巢，人老思鄉。誠然，白玉蟾氏，情牽故里，於詩歌中，深藏「懷念家鄉」情愫，諸如：〈華陽吟〉（七言絕）云：

家在瓊瑤萬里遊，此身來往似孤舟。

夜來夢趁西風去，日斷家山空淚流。

其二，又云：

海南一片水雲天，望眼生花已十年。

忽一二時回首處，西風夕照咽悲蟬。

其三，亦云：

一從別卻海南船，身逐雲飛江浙天。

走遍洞天尋隱者，不知費幾草鞋錢。

白玉蟾氏，半生飄游，時間既久，空間又廣，於年老後，對鄉里感念，在內心裡，蘊藏著濃郁的"鄉戀"之情結，顯見於詩歌中，誠如：〈歲晚書懷〉（五言古）云：

…朱顏日已改，華髮漸復稀。

觸目思遠人，勝賞懷昔時。……

次如：〈水調歌頭〉（其三）云：

…雖是蓬頭垢面，今已九旬來地，

尚且是童顏。未被飛昇詔，且受這清閑。

又如：〈秋夜〉（五言律）中，云：

有客眠孤館，更闌擁紙衾。

清風千里夢，明月一聲砧。

素壁秋燈暗，紅爐夜火深。

寒猿啼嶺外，惹起故鄉心！

俗諺「未老莫還鄉，還鄉須斷腸」。誠然，玉蟾修為已深，仙風道骨神韻，唯其年事日高，益增回鄉情懷，諸如：白玉蟾作〈翠虛陳真人得法記〉云：陳楠"家世為瓊州人"，師事薛道光（法號：紫賢），得傳內丹修煉法，"丹道既成，復歸桑梓"（參見《道法會元》卷一〇八）。換句話說，亦就是歸返瓊州（今名：海南省）故里。無疑地，給予玉蟾"復歸鄉里"的啟示與動因矣！

白玉蟾氏，何時歸鄉，史無記載，只有傳言，或是傳

說。唯於〈滿江紅別鶴林〉（曲）中，有云：「明日如今，我已是"天涯"行客。……今去也，來無的。……」於是顯示，白玉蟾氏，似係選擇"重歸故里～海南"之路！

　　明‧王佐作〈夜宿武夷止庵〉序云：「玉蟾，吾瓊州府瓊山縣五原鄉人。少時聞諸父兄云，玉蟾姓葛，宋元父老猶及見其還鄉者，道其事甚詳，此不能悉。」按"此不能悉"，只是傳言，邦人文士，當可想象，亦可臆測，唯不可武斷，更不能判定焉！

　　亦有傳說，白玉蟾氏，重歸故里，隱居瓊山，於文筆峰，升仙崖上，羽化成"仙"，飛升"神霄"（是"神仙"居住地，最高仙境）云云。

　　白玉蟾，詔封：紫清明道真人。乃是一位極富神異色彩的人物（隱顯不一，人莫之測），亦係道仙家中震古爍今的曠世奇才。然生平事蹟，於正史無載（宋史亦無傳），大都採摭野史，唯諸持其見，眾說紛紜。於學術界，爭議不休，并無正確答案與結果耶。

　　白玉蟾氏，乃海南文化史上，一顆燦亮的流星。其飄逸身姿，瞬然間消失，竟莫知所終。於今，八百七十餘載，形成歷史懸案、迷思與疑惑，世人迄無解。從諸史料、玉蟾著作，求證稽考、說明詮釋，合情合理，雖不滿意，亦可接受，諸多學子文士，自會理性判定，當毋庸置疑矣！

# 卷之一　生　平

　　宋・白玉蟾（本名：葛長庚）真人，天資聰慧穎異，才華橫溢超絕。乃宋代海南最著名的藝術家、文學家、哲學家、道學家。亦係中國道教界，最富有文學與藝術天才的道宗。堪稱「學貫儒釋道，藝精詩書畫」矣。

　　白玉蟾氏，在海南諸先賢中，是一位博洽群書，精鑽道學，窮究哲理，貫通三氏（儒、釋、道）宗師，其「刻苦自勵」（自學不懈）風範，暨「度世濟人」精神，更足以為後世之人矜式焉。

　　白玉蟾氏，早知方外之學，無心科名，有志道學，乃棄儒從道。專思學仙，毅然就道，出家雲游，四方尋師，致終身從道，故乏子嗣也。

## 一、家　世

　　葛氏，於《千家姓》中，乃中國最古老的氏族。就葛姓來源言之，南方與北方，有所不同（姓氏考略）耶。

### ㈠、葛氏姓考

　　葛姓，系承嬴氏，望出句容。其源流久遠，南北所出不同。就其《風俗通義》、《姓氏考略》、《通志氏族

略》、《郡望百家姓》、《急就章》，暨相關文獻史料，綜合著之如次，以供方家查考。

古葛天後裔：嬴姓之葛，子孫以國為氏。黃帝支庶封於葛，後因以為姓（姓氏考略）。

案①古葛國，夏諸侯嬴姓之國，故城在今河南省蔡丘縣東北。

②夏代，諸侯葛伯（亦即葛國），子孫以國為氏（通志氏族略）。

③漢時，蒲廬（一作：葛廬）起兵佐光武有大功，封為下邳僮縣侯，廬讓封於弟：文，向南渡江，家於句容，是為吳中葛氏所出也。

④宋代，有葛勝仲，字魯卿，丹陽人。紹聖中進士，累遷太常卿，後知湖州，望出梁國（千家姓：潁川族）。

賀葛氏後裔：鮮卑之葛，南北朝時期，北魏代北有複姓賀葛氏，進入中原後，改漢字單姓：葛氏（魏書官氏志）。

## (二)、葛姓郡望

葛氏，系承嬴姓，望出句容。據《郡望百家姓》云：葛氏，望出頓丘郡。又《姓氏考略》云：望出梁國、句容。分別著述如次，以供方家查考。

頓丘郡：晉武帝泰始二年(266)丙戌歲置，治所在今河南清豐西南。相當於今河南省濬縣一帶。與西漢時之黎陽縣，地域大致相合。

梁國郡：漢高祖五年(202B.C)己亥歲，將原來秦代之碭郡改為梁國（在今陝西韓城南），相當於今河南省商丘至安徽省碭山一帶。

句容郡：古縣名，漢代屬丹陽郡，在今江蘇省句容縣。

葛氏，宗族支系，綜以表示之，如次：

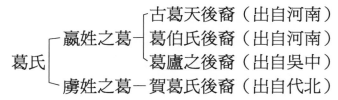

## ㈢、葛門楹聯

葛氏，門楹聯語，先世道家不少，略誌一二，以亨方家，博君一笑。諸如：

市無喧鵲（葛　邲）

飯可成蜂（葛　玄）

葛　邲，字用光，宋・青陽人。乾道初年(1165)乙酉，任青陽知縣，政績斐然。市無喧鵲之警，野有馴雉之異。

葛　玄，字孝先，三國（吳）・琅邪人。傳說從左慈處得《九丹金液仙經》，修煉成仙，號：葛仙公，又稱：太極仙翁。曾與客人對坐吃飯，飯吐出化為蜜蜂。

綏山得道（葛　由）

定海成仁（葛雲飛）

　　葛　由，傳說周成王時"羌族"人，常雕刻木羊於市上販賣。一天騎羊入西蜀，蜀中王侯貴人，跟隨至綏山。跟隨者不見復返，皆得道成仙。

　　葛雲飛，字雨田，清‧浙江山陰人。道光年間武進士，官守備、定海鎮總兵。鴉片戰爭中，跟王錫朋、鄭國鴻，共同鎮守定海，與英軍奮戰，壯烈犧牲成仁，諡曰：壯節。

　　　　清節著譽（葛　密）
　　　　文記知名（葛　龔）

　　葛　密，字子發，宋‧江陰人。舉進士，任光州推官，善於審決案件，官至太常博士。性格澹泊，五十歲退居，號：草堂逸老。清節：高潔的節操，著譽：著有名氣。

　　葛　龔，字元甫，東漢‧寧陵人。漢和帝時，以善於文記（草擬奏章）而知名。歷官：太官丞，蕩陰、臨汾令，皆有政績。

　　　　稚川傳冶（葛　洪）
　　　　楚輔忠貞（葛　邲）

　　葛　洪，字稚川，自號：抱朴子，晉‧句容人。家貧好學，最初以儒術而知名，後熱衷於神仙導養之法。其叔祖葛玄從鄭隱習煉丹術。葛洪據鄭隱之學，書成《抱朴子》（七〇卷）行世。傳冶：傳授冶煉之術。

　　葛　邲，字楚輔，宋‧吳興人（祖籍：丹陽）。舉進士第，官刑部尚書。紹熙年間，任左丞相，論

疏皆切中時弊。身居相位,能尊守法度,推薦人才。

　　　　　抱朴煉丹,妻亦壽世(葛　洪)
　　　　　姑真茹素,母果延年(葛妙真)

　　葛　洪,東晉道教理論家、煉丹術家、醫學家。曾拜南海太守,上黨人鮑玄為師,甚被器重,遂將女嫁葛洪為妻。晚年赴羅浮山煉丹,年八十一而終,肌膚柔軟,輕如空衣,世人皆以為尸體已得仙而去。相傳後唐崔瑋游南海時,曾遇一老嫗,送其艾草,謂能治贅疣。此婦人,即葛洪之妻。

　　葛妙真,元・宣城人。民家女子,九歲時聽術士說,母僅能活五十歲,便發誓終身飧素,以延長母之壽命。其後,母果然長壽。

## ㈣、在瓊世代

　　葛長庚氏,祖籍:福建閩清。先祖:葛有興,以仕宦渡海入瓊。秩滿,落籍:瓊山縣,卜居:五原都(今海口市秀英區石山鎮)典讀村。相傳三代,而後無子嗣也。

　　**在瓊一代:亦係葛氏渡瓊之始祖者也。**

　　葛有興氏,福建閩清縣人。司訓瓊州(任府學教授,掌管教育),落籍瓊山,定居五原都典讀村。其生、卒年,失考。

　　妣　失氏,生卒年,失考。

　　男　振業

　　**在瓊二代:振業,有興之子。**

葛振業氏，有興之子，早逝。生、卒年，失考。

妣　失氏，夫君早逝，改嫁白家。生、卒年，失考。

　　案：一說，改嫁澄邁縣老城東市，原香山地。

　　　　另一說，改嫁至雷州白家。

男　長庚

**在瓊三代：長庚，振業之子。**

葛長庚氏，振業之子。終身從道，致乏子嗣也。

# 二、行　誼

白玉蟾(1134~1229)氏，本姓：葛、諱：長庚，廣東瓊州府瓊山縣五原都顯屋村（今：海南省海口市秀英區石山鎮典讀村）人。於南宋高宗紹興四年甲寅歲三月十五日生（神仙通鑑白真人事蹟三條），迨南宋理宗紹定二年己丑冬，或傳解化於盱江（今江西省臨川江，即古盱水），壽年九秩晉六歲。逾年(1230)庚寅歲，人皆見於隴蜀，又未嘗有死，竟莫知所終（海瓊玉蟾先生事實）。或說：長壽一百幾十歲（元・虞集〈景霄雷書後序〉有云）。

　　案：彭耜〈海瓊玉蟾先生事實〉作：蓋紹熙甲寅三月之十五日也。亦就是南宋光宗紹熙五年(1194)甲寅歲三月十五日。著之於次，以供查考。

白紫清真人，乃丹道派南宗五世祖，白玉蟾是道號，或曰法號也。字以閱、眾甫、如晦、海南、白叟，號瓊琯、蠙庵、海瓊子、雲外子、海南翁，武夷散人、瓊山道人、神霄散吏、玉皇選仙，世稱：紫清先生（佩文齋書畫

譜、中國歷代書畫篆刻家字號索引）。

白玉蟾氏，本名：葛長庚，先祖：有興公，福建閩清人，司訓瓊州。先君：振業公（早歿），宋紹興初年，庚生於瓊州。天資聰敏絕倫，髫齡時能詩賦，背誦九經。年十二歲，自海西至廣城（一說是瓊城，又說是京城臨安），應童子科，主司命賦〈織機〉詩，應聲詠曰：

**大地山河作織機，百花如錦柳如絲。**

**虛空白處做一匹，日月雙梭天外飛。**

白玉蟾，更以天地造化萬物作織機，表露何等豐富的想像力。就詩文的主題、立意、修辭來說，無論是詩文的意象，暨詩文中的精神氣質，皆達到最完美的境界！然主司者，則意其狂，黜而弗錄，遂拂袖歸。乃棄儒從道，專思學仙，養真於白石嶺（樂會縣，今名：瓊海市），後轉至松林嶺（儋州），復深入黎母山，訪於異人，授洞元雷法。旋雲游武夷、龍虎、匡廬、……諸名山尋師，於粵之羅浮，遇翠虛陳泥丸，事師九年，盡得其道之玄秘也（瓊山縣志、武夷山志）。

於南宋紹興二十八年(1158)戊寅歲，白玉蟾年二十五歲時，曾獲宋高宗（趙構）皇帝，賜御書十軸，令寶之，以鎮福庭。然白玉蟾為人，清懷淡泊，不取非義之財，而婉拒之（清·徐松《宋會要輯稿》輯載）。

迨南宋寧宗嘉定十一年(1218)歲次戊寅，徵召至闕，對御稱旨，命館太乙宮，詔封：紫清明道真人（一說，封號：養素真人），凡章奏，則曰：「金闕玉皇門下選仙舉人　臣白玉蟾」（海瓊玉蟾先生事實、神仙通鑑、嶺南畫

徵略、中國美術家人名辭典）。

　　宋・彭耜〈海瓊玉蟾先生事實〉、清・彭翥竹林〈神
仙通鑑白真人事蹟三條〉，元・夏文彥《圖繪寶鑑》
（卷四），明・王圻《三才圖會》（人物十一卷）、唐
順之《史纂左編》（白玉蟾）、朱謀垔《畫史會要》
（卷三）、汪兆鏞《嶺南畫徵略》（卷一）、孫岳頒
《佩文齋書畫譜》（卷三六・書家傳十五／卷五二・畫
家傳）、彭蘊璨《畫史彙傳》（卷五九）、王毓賢《繪
事備考》（卷六）、夏樹芳《栖真志》（卷四・仙
釋）、董天功《武夷山志》（卷十八）、應祖錫《尚友
錄統編》（冊二）、管庭芬《宋詩鈔補》（玉蟾集
鈔）、厲鶚《宋詩紀事》（卷九〇）、唐圭璋《全宋
詞》（卷四）、莊仲方《南宋文範作者考》（冊下）、
吳道鎔《廣東文徵作者考》（卷十二・道）、蔣廷錫
《古今圖書集成》（氏族典・明倫彙編：冊四七・頁一
四四／神異典・神仙部・列傳三〇・宋二：冊六二・頁
四六二）、蔣廷錫奉敕修（初修本）《雍正　大清一統
志》（卷二八六・瓊州府・仙釋）、和珅奉敕修（續修
本）《乾隆　大清一統志》（卷三五〇・瓊州府・仙
釋）、穆彰阿奉敕修（重修本）《嘉慶　大清一統志》
（卷四五三・瓊州府・仙釋）、阮元《道光　廣東通
志》（卷三二九・列傳六二・釋老二）、劉溎年《光緒
惠州府志》（卷四四・人物志・仙釋），明・唐冑
《正德　瓊臺志》（卷四〇・人物五・仙釋）、戴熺
《萬曆　瓊州府志》（卷之十二・雜志・仙釋），清・

張岳崧《道光　瓊州府志》（卷之三六・人物志・仙釋）、王　贊《康熙　瓊山縣志》（卷之九・雜志・仙釋）、李文烜《咸豐　瓊山縣志》（卷之二二・人物志・仙釋），暨近人王國憲《民國　瓊山縣志》（卷之二五・人物志・仙釋）、葉覺邁《民國　東莞縣志》（卷之七四・人物略二一・仙釋）、楊家駱《四庫大辭典》（頁八一九）、臧勵龢《中國人名大辭典》（頁一三〇八・四）、昌彼得《宋人傳記資料索引》（冊四・頁三二七～八）、孫轀公《中國畫家人名大辭典》（頁五六六）、文史哲《中國美術家人名大辭典》（頁一二一二）、朱逸輝《海南名人傳略》（冊上・頁三～五）、邢益森《海南鄉情攬勝》（寶島風姿錄・續集二・頁一五一～七），俱載有傳或事略，足資查考。

## 宋・白玉蟾眞人大事年表

### 南宋高宗紹興四年(1134)甲寅　　一　歲

本年(1134)甲寅歲三月十五日，生於瓊州（今名：海南省）瓊山縣五原都顯屋村（今海口市秀英區石山鎮典讀村）。

奉祖命名：長庚，因應夢兆，取乳名：石蜻（海南俗話，即"蟾蜻"者也。

先祖：葛有興，福建閩清縣人。司訓瓊州，落籍於瓊城，卜居瓊山縣五原都顯屋村（今隸：海口市秀英區石山鎮典讀村）。

先君：葛振業，早逝，母氏改嫁。

案：白眞人，本姓葛諱長庚，白玉蟾其道號也。

清·彭羲竹林〈神仙通鑑·白真人事蹟三條〉云：玉蟾，本姓葛。大父有興，福州閩清縣人，董教瓊州。父振業，於紹興甲寅歲三月十五，夢道者以玉蟾蜍授之。是夕產子，母即玉蟾名之以應夢。

清·王時宇〈重刻白真人文集敘〉云：海瓊白真人，瓊山五原人也。生於紹興甲寅，迄今六百餘年矣。（王時宇是序，作於清乾隆五十六年(1791)辛亥仲冬既望，其序文持「紹興」甲寅之說。）

宋·彭耜〈海瓊玉蟾先生事實〉云：先生姓葛，諱長庚，字白叟，先世福之閩清人。母氏夢食一物如蟾蜍，覺而分娩。時大父有興，董教瓊琯，是生于瓊，蓋紹熙甲寅三月之十五日也。

案：紹興甲寅歲，係南宋高宗紹興四年(1134)。

紹熙甲寅歲，是南宋光宗紹熙五年(1194)。

其中相距六十年，達一甲子之久矣。

## 南宋高宗紹興十年(1140)庚申　　七　歲

葛長庚，自幼天資聰敏，七歲能詩賦，背誦九經。

宋·彭耜〈海瓊玉蟾先生事實〉云：……七歲能詩賦，背誦九經。父亡，母氏改適。……

清·彭羲竹林〈神仙通鑑·白真人事蹟三條〉云：……天資聰敏絕倫，齠齡時背誦九經。……

## 南宋高宗紹興十三年(1143)癸亥　　十　歲

葛長庚氏，自海西來廣城（一說是至瓊城，又一說

係去京城臨安），應童子科，主司命賦〈織機〉詩。

應聲詠曰：**大地山河作織機，百花如錦柳如絲。**

　　　　　　**虛空白處做一匹，日月雙梭天外飛。**

主司意其狂，黜而弗錄，遂拂袖歸（彭耜竹林〈神仙通鑑・白真人事蹟三條〉有載）。

　　案：童子科（或稱：神童科），乃唐、宋兩代，特設考試科目之一。宋制，十五歲以下，能通經作詩賦者，應試登第後，給予出身并授官職（位）。

## 南宋高宗紹興十五年(1145)乙丑　　十二歲

葛長庚氏，早知方外之學，無心科名，有志於道。於〈日用記〉云：

　　　予年十有二，即知有方外之學，已而學之，偶得其說。非曰生而知之，蓋亦有所遇焉。

## 南宋高宗紹興十七年(1147)丁卯　　十四歲

葛長庚氏，三教之書，靡所不究（見〈與留紫元書〉云）。

於〈紫元問道集序〉：……自云一十有四矣，三教之書，靡所不究。……

　　案：三教者，係指儒、釋、道也。

葛長庚氏，年約十四、五歲，父沒，母氏他適，因改白姓，名玉蟾。

宋・彭耜〈海瓊玉蟾先生事實〉中云：

　　　父亡，母氏改適。……至雷州，繼白氏後，改姓白，名玉蟾。……

　　清・彭翥竹林〈神仙通鑑・白真人事蹟三條〉中，亦云：……祖、父相繼亡，母氏他適，因改姓白。……

　　清・董天功《武夷山志》（卷十八）中，有云：……父歿，隨母適白氏，因冒其姓。……

　　葛長庚氏，祖、父相繼歿，隨母改嫁白氏（一說是澄邁白家，又一說是雷州白家），受養其家。乃以乳名：石蟾，改為白玉蟾。蓋玉蟾較石蟾雅緻，且含有神仙趣味，是白玉蟾之姓名，或緣於斯乎！

## 南宋高宗紹興十九年(1149)己巳　　十六歲

　　白玉蟾氏，專思學仙，毅然就道。出家雲遊黎母山（在今瓊中縣黎母山鎮境內）尋師，遇仙人授以洞元雷法。養真於松林嶺（在今儋州市境內，亦稱：儋耳山），長遊外方（見《瓊山縣志》白玉蟾傳）。

　　宋・彭耜〈海瓊玉蟾先生事實〉中，云：

　　　　父亡，母氏改適，先生師翠虛陳泥丸先生而學道焉。得太乙刀圭之妙，九鼎金丹之書，長生久視之術，紫霄嘯命風霆之文，出有入無飛昇隱顯之法，始棄家從師游海上，號：海瓊子。……

　　清・彭翥竹林〈神仙通鑑・白真人事蹟三條〉云：

　　　　年十六，專思學仙，毅然就道。囊中止有錢三百，初別家山，不知夜宿何處。鳥啼林晚，匆匆投止而已。行數日，至漳城，衣服賣盡，舉目無親。……

　　清・王贄《康熙　瓊山縣志》（卷之九・雜志・仙

釋）中，有云：

> 常于黎母山中遇異人，授以洞玄雷法，養真于松林嶺，長游方外，得翠虛陳泥丸之術，時士夫欲以異科薦之，弗就。……

王國憲《民國　儋縣志》（卷之十七・人物志十二／仙釋）中，亦云：

> 嘗于黎母山中遇仙人，授以洞元雷法。養真于松林嶺，長游外方，得翠虛陳泥丸之術。士夫欲以異科薦之，弗就。……

## 南宋高宗紹興二十三年(1153)癸酉　　二〇歲

白玉蟾氏，約於此年，雲游外方，尋師交友，歷盡萬難，含辛茹苦，遇陳泥丸，并拜陳泥丸為師。

於〈雲遊歌〉中曾說：雲遊難，雲遊難！……初別家山辭骨肉，腰下有錢三百足，思量尋師訪道難。……江之東西湖南北，浙之左右接西蜀，廣閩淮海數萬里，千山萬水空碌碌，雲遊不覺已多年。道友笑我何風顛，舊遊經復再去來，大事忽忽莫怨天！……

其二，歌又說：……賢哉翠虛翁，一見便憐我。……說與君，雲遊今幾春，蓬頭赤骭髀，那肯教人識。

## 南宋高宗紹興二十六年(1156)丙子　　二十三歲

白玉蟾氏，隻身渡海，拜師學道。是歲之後，方悟妙道矣。於〈日用記〉中，有云：

自二十三歲以後，似覺六賊之兵浸盛，三尸之火愈熾，不復前日之身心太平也。

### 南宋孝宗隆興元年(1163)癸未　　三十歲

　　白玉蟾氏，雲遊外方，已有十載，年近三十矣。於
〈董樓〉曰：**文章道德今誰似，事業功名我不無。**
　　　　　　　　**十載江湖一杯酒，夜深說與董歸奴。**

　　又作〈華陽吟〉（三十首），其二，詩曰：
　　　　　　　　**海南一片水雲天，望眼生花已十年。**
　　　　　　　　**忽一二時回首處，西風夕照咽悲蟬。**

　　於是窺之，白玉蟾氏，約在此年，作〈董樓〉詩，
暨〈華陽吟〉（三十首）。

### 南宋孝宗淳熙三年(1176)丙申　　四十二歲

　　是歲（丙申），遊甬東海濱，適陳泥丸見而憐之，
泥丸笑曰：「……觀子衣裳破碎，垢面蓬頭，能從我
遊，當以真金相贈。……」玉蟾會意，瞪視而拜，泥
丸自慶得賢，攜歸羅浮，授與持行金丹之基。玉蟾意
為容易，不再請益，結茅靜坐煉丹。泥丸謂之曰：
「子可更往外勤求，……且歷遊數年，當於此俟
子。」（泥丸真人羅浮翠虛吟，遂以〈金丹火候
訣〉，贈與瓊山白玉蟾。）

　　白玉蟾無奈，承遣辭行，初至黎母山，遇神人授
〈上清法籙〉、〈洞玄雷訣〉。北向洞庭經瀟湘，再
折至武當，與北極驅邪院左判官，講行施符法。復西
入蜀之青城山，進訪金堂，遇老道人授以《度人經》
（彭耜竹林〈神仙通鑑・白真人事蹟三條〉有載）。

### 南宋孝宗淳熙六年(1179)己亥　　四十六歲

　　白玉蟾氏，在西湖，大醉，作〈走筆百韻〉：

…回首三十年，如之何也矣！…

## 南宋孝宗淳熙九年(1182)壬寅　　四十九歲

白玉蟾氏，遍歷名山，備嘗艱苦，如是七年，乃歸羅浮復命。泥丸慰曰：「學者須如此辛勤，方能任道也。……」

## 南宋孝宗淳熙十年(1183)癸卯　　五十歲

是歲中秋月，相邀游於野外，對坐談元（玄），陳泥丸授予〈大道歸一論〉，是太乙刀圭之說（彭耜竹林〈神仙通鑑・白真人事蹟三條〉有載）。

白玉蟾氏，奉事之暇，誦而默味，忽已九年，未知奧妙也。

## 南宋光宗紹熙二年(1191)辛亥　　五十八歲

是歲（辛亥）春雨後，陳泥丸對其問：修鍊工夫，願得一言點化。乃為之講明次第火候，令其速鍊。

白玉蟾氏，拜辭下山，別離羅浮，大隱鄽市。急備金丹藥材，用盡辛苦。

## 南宋光宗紹熙四年(1193)癸丑　　六十歲

是歲（癸丑）中秋，野外松陰，泥丸授〈長生留命訣〉。作〈雲遊歌〉（二首），曰：

> 癸丑中秋野外晴，獨坐松陰說長短。
> 元來家裏有真金，前日辛勤枉用心。
> 既得長生留命訣，結茅靜坐白雲深。
> 煉就金丹亦容易，或在山中或在市。
> 等閑作此雲遊歌，恐人不識雲遊意。

## 南宋光宗紹熙五年(1194)甲寅　　六十一歲

　　白玉蟾氏，苦煉三年。由於溫養不慎，致使汞走鉛飛，而丹敗垂成，作詩自解其慍。於〈煉丹不成〉，詩曰：**八兩日月精，半斤雲霧屑。輕似一鴻毛，**
　　　　　　**重如千秤鐵。白如天上雲，紅似猩猩血。**
　　　　　　**收入玉葫蘆，秘之不敢泄。夜半忽風雷，**
　　　　　　**煙氣滿寥廓。這般情與味，啞子咬破舌。**
　　　　　　**捧腹付一笑，無使心惱熱。要整釣魚竿，**
　　　　　　**再斫秋筠節。**

## 南宋寧宗慶元三年(1197)丁巳　　六十四歲

　　張紫陽在天台，遙知玉蟾丹敗，命童以金丹四百字授之，教其關防慎密，方悟分至沐浴之理，復購藥材重鍊，極其防危慮險，方得成丹。

　　於〈謝張紫陽書〉，中云：

　　　　昨到武夷，見馬自然，口述諄諭，出示寶翰，凡四百言，字字藥石，仰認愛育，甘露灑心，毛骨豁然，……

　　　　白玉蟾於〈謝仙師寄書詞〉中，有云：「……嘆古人六十四歲將謂休，得先聖八十一章來受用。……」

　　白玉蟾氏，再入武夷，癡坐九年，然後出山（彭耜竹林〈神仙通鑑・白真人事蹟三條〉有載）。

## 南宋寧宗慶元六年(1200)庚申　　六十七歲

　　朱熹病逝，著名詩人：辛棄疾、陸游作文哭祭。

　　白玉蟾氏，亦有〈題精舍〉詩：

　　　　**到此黃昏颯颯風，岩頭只見藥爐空。**

不堪花落煙飛處，又聽寒猿哭晦翁。

案：朱熹(1130~1200)，字元晦、仲晦，號晦庵，

自稱：雲谷老人，亦曰：晦翁。

## 南宋寧宗嘉泰元年(1201)辛酉　　六十八歲

白玉蟾氏，於盧山，作〈福海院記〉中，有云：

天下最勝福地曰盧山，距潯陽以南，山前後庵

嚴三百六十，其尤勝者，今福海也。……

## 南宋寧宗嘉泰三年(1203)癸亥　　七十歲

白玉蟾氏，重返福建武夷山。嘗自寫其容，數筆立

就。自讚云：**千古蓬頭赤腳，一生伏筆飡霞。**

**笑指武夷山下，白雲深處吾家。**

又題，云：**神府雷霆吏，瓊山白玉蟾。**

**本來真面目，水墨寫緗縑。**

## 南宋寧宗開禧元年(1205)乙丑　　七十二歲

白玉蟾氏，始悟鍾呂皆參元之道。於〈必竟恁地

歌〉云：**開禧元年中秋夜，焚香跪地口相傳。**

**竭爾行持三兩日，天地日月軟如綿。**

**忽然嚼得虛空破，始知鍾呂皆參元。**……

## 南宋寧宗開禧二年(1206)丙寅　　七十三歲

白玉蟾氏，又離別武夷，往來於霍童、羅浮諸山。

## 南宋寧宗嘉定五年(1212)壬申　　七十九歲

是歲（壬申）秋八月，陳泥丸在羅浮，以金丹火候

訣，授與白玉蟾。

陳泥丸於〈羅浮吟〉云：嘉定壬申八月秋。翠虛道

人在羅浮。……吾將脫形歸玉闕，遂以金丹火候訣。

說與瓊山白玉蟾，使知深識造化骨。道光真人薛紫賢，付我歸根復命篇。指示鉛汞兩箇字，所謂真的玄中玄。……個個不知真一處，都是旁門不是真。恐君虛度此青春，從頭一一為君陳。若非金液還丹訣，不必空自勞精神。

### 南宋寧宗嘉定六年(1213)癸酉　　八十歲

是年(1213)四月十四日，翠虛假水解於臨漳，復出武夷，授玉蟾諸玄秘，盡得其旨。

彭耜〈海瓊玉蟾先生事實〉云：嘉定癸酉，翠虛假水解於臨漳，復出於武夷，悉受諸玄秘，先生盡得其旨。乃披髮佯狂，走諸名山，足跡幾徧，人有疾苦，或草或木，或土或炭，隨所得予之，餌者輒愈。

陳翠虛真人，又向白玉蟾，說刀圭之法。

白玉蟾〈謝仙師寄書詞〉中云：恭維先師泥丸翁翠虛真人，……說刀圭於癸酉秋月之夕。……

### 南宋寧宗嘉定七年(1214)甲戌　　八十一歲

白玉蟾作《群仙珠玉集》，見〈瓊山番陽事跡〉。

### 南宋寧宗嘉定八年(1215)乙亥　　八十二歲

春雨之天，陳楠復出於武夷，悉授玉蟾玄秘。

白玉蟾氏，是時悟道更深。於〈謝仙師寄書詞〉，有云：「……盡吐露於乙亥春雨之天，終身懷大寶於杳冥，永劫守元珠之清淨，先覺詔後覺，已銘感於心傳。……」

白玉蟾氏，在武夷山，遇洪知常、陳守默、詹繼瑞諸道友。

　　陳守默、詹繼瑞，於〈海瓊傳道集序〉云：「……
陳泥丸傳之白玉蟾，則吾師也。乙亥之秋，遇之於武
夷山。……」

　　又遇修道者陳丹樞，年已耄耋，漆髮童顏。於武夷
山，建「雲窩庵」，吟唱山林中，自得其樂。

　　作〈雲窩記〉，記末著有「嘉定之乙亥九月望煙霞
葉古熙如是」。

　　彭耜〈海瓊玉蟾先生事實〉云：「……乙亥冬，武
夷詹氏之居，火光墜其家，延先生拜章以禳之。已而
大書一符於中庭，是夕聞戶外萬馬聲，有呼云火殃已
移於延平某人之家，驗之果然，信慕益眾。……」

　　作〈雷府奏事議勳丹章〉，并上奏此章。內有
「……約以今年十二月辛亥日，遣令五雷官吏將兵，
預赴元應太皇府錄功紀績。并於丙子年正月初一日，
天臘之晨，逕上玉清朝謁。……」於是顯見，此章係
在丙子年(1216)之前一年，亦就是乙亥年(1215)所作。

## 南宋寧宗嘉定九年(1216)丙子　　　八十三歲

　　正月，奏〈懺謝朱表〉，末署「太歲丙子嘉定九年
正月日，上清大洞寶籙弟子五雷三司判官知北極驅邪
院事，臣白某表奏。臣姓白，係金闕玉皇選仙舉進
士，見在沖祐觀醮壇所伏地聽命。」（見《修真十
書》卷四十七）。

　　白玉蟾氏，是歲（丙子）春，過江東，憩龍虎山。
歲旱，誦〈木郎祈雨咒〉，果驗，人疑為虛靖後身。

　　彭耜〈海瓊玉蟾先生事實〉有云：「……丙子春，

過江東，憩龍虎山。先是宮主王南玘感夢甚異，夙興而先生至，上清籙纏一閱，記誦無遺，至於符篆，亦不少差。歲旱，諸羽流誦木郎咒弗應，先生乃為改正誦之，果雨，人疑為虛靖後身。……」

於《木郎祈雨咒》（海南白玉蟾註），其咒文末，柳智通謹識：「唐宋以來，皆誦木郎咒祈雨，然舊本錯誤頗多，白紫清祖師特為改正，并加註釋，誠心持誦，其感應必矣。唯咒本世間不多，概見壬戌秋，於《道藏全書‧白真人集》內得此咒本，敬付梨棗，以公同志。……」

於〈武夷重建止止庵記〉，內中有「嘉定丙子之王春」之句。

白玉蟾氏，與嬾翁蘇森（仲嚴）為友。於〈嬾翁齋賦〉：「眉山蘇森老於嬾，以嬾翁名其齋，翁其真嬾耶。……翁有齋可以避風雨，有田可以供饘粥，有子可以嗣衣鉢，不與俗交，不與人語，翁之身前，乃一老禪也。既見武夷白玉蟾，遂喜而終日與語，玉蟾喜而賦此齋，峕乃嘉定丙子初夏十有五日也。」

嬾翁蘇森〈跋修仙辨惑論序〉，末署「嘉定丙子中元日，朝請郎主管建寧府武夷山沖祐觀　嬾翁蘇森仲嚴述」。

白玉蟾氏，於〈嬾翁齋賦〉外，尚有〈水調歌頭‧又和嬾翁〉、〈初見嬾翁〉、〈賦呈嬾翁二首〉、〈薄暮抵嬾翁齋釀酡至醉遲明有詩以控感懷〉、〈呈嬾翁六首〉諸作。

又作〈水調歌頭・又丙子中元後風雨有感〉二首

白玉蟾作〈謝仙師寄書詞〉，末署「大宋丙子閏七月二十四日，鶴奴白玉蟾焚香稽首再拜。」

案：南宋寧宗嘉定九年(1216)丙子閏七月二十四日（陳垣《二十史朔閏表》載）

作〈駐雲堂記〉，末署「……嘉定丙子雨水後兩日，援筆為記云。」

彭翥竹林〈神仙通鑑・白真人事蹟三條〉：「……其丰神峻拔，行諸階法，雷印佩於肘間，祈禳則有異應。嘗過鄱陽湖，值日暮，篙師議泊舟，玉蟾剪紙月噓於檣，皎然達旦，前行無阻，朝廷知之，遣使至武夷。已為陳翠虛引往霍童，謁石紫虛、薛紫賢二師，甚喜，相與講研丹旨，玉蟾爰聞重安爐鼎，再立乾坤之旨，又進一層，不勝欣喜。秋閏月作書謝紫陽翠虛，自此隨處遊行，濟人度世。」白玉蟾氏，復號：鶴奴，八十三歲，尚是童顏。

桂隱諸葛琰〈跋鶴林紫元問道集〉：「海瓊先生，人耶仙耶，世不得而知之也。丙子歲，余於華陽道院，有一笑之適，已而追從乎墨池筆塚間，凡三數月，莫能窺其際，今先生少憩無諸，日偕鶴林、紫元二真士，發揮元闡，朝夕問答，集以寄予，誦之終日，真奇書也。」丙子歲，就是南宋寧宗嘉定九年(1216)。

陳與行〈跋陳泥丸真人翠虛篇〉，內中云：「……嘉定丙子，余來金華，海南白公，比歲再遇，邂逅輒

彌日歟！議論衰衰，無非發明其師之道，平生出處甚悉，蓋泥丸學者徒也。……」

## 南宋寧宗嘉定十年(1217)丁丑　　八十四歲

是歲（丁丑）春三月，有一道人蓬其髮，授長庚以金丹訣。

於〈道閫元樞歌〉中，有云：「……嘉定丁丑春三月，有一道人蓬其髮，授我袖中一卷書，讀之字字金丹訣，道人去後杳難逢，北海蒼梧有底蹤，貌其形狀以問人，人言此是白蟾翁。……」

遇紫元子留元長，於〈紫元問道集序〉云：「……幼時業愛修仙，鞭心於茲，不覺壬子（似係丙子歲）又丁丑矣。人間歲月如許，頭顱皮袋又安以頓哉。天貸其逢而於道有可聞之漸，是年春遭遇真師海瓊君，姓白、諱玉蟾，或云海南人，疑其家於襄沔也。……」

與彭耜（鶴林）相會，於《海瓊白真人語錄》（卷四・彭耜後記）云：「先生海瓊集，頃嘗累次傳之久矣，載念曩歲丁丑暮春，師轅南游，得遂瞻禮。由是雲鶴往來，每一參際，必有少憩，日待丈席，聞所未聞，無非分別正邪，發揚玄妙，返而筆之，燦然盈帙。……」（參見《正統道藏》冊五五）

沖尚老人黃庸〈跋鶴林問道集〉，末署「嘉定丁丑臘日，沖尚老人黃庸子至書跋於後。」

陳與行〈跋陳泥丸真人翠虛篇〉，內云：「……翠虛之門，有鞠九思、沙道昭（亦作：沙道照）、白玉

蟾，皆心傳口授，其高弟也。是三人者，不可得而見，幸白公歲一逢焉。翠虛之道，得白公而益顯，而白公浮游飄忽，又將離世絕俗而立於獨，吾憂其不可得見也。故併書之，以貽好事。」末署「嘉定丁丑六月初伏日，承議郎通判婺州軍州兼管內勸農事　陳與行書于風月堂。」

作〈與彭鶴林書〉，於首句云：「丁丑九月十四日玉蟾將如泉山，……」時寓紫樞樓書

致書彭耜，言近日行蹤。於《海瓊白真人語錄》（卷四）云：「……九月十四日，自螺江沂潮而南，以十八日次泉山。」

## 南宋寧宗嘉定十一年(1218)戊寅　　八十五歲

是歲春，游西山，適降御香建醮於玉隆宮，玉蟾避之。彭耜〈海瓊玉蟾先生事實〉中，有云：

　　戊寅春，游西山，適降御香建醮於玉隆宮，先生避之，使者督宮門力挽先生回，為國陞座，觀者如堵。又邀先生詣九宮山瑞慶宮主國醮，神龍見於天，具奏以聞，有旨召見，先生遁而去。……

彭翥竹林〈神仙通鑑・白真人事蹟三修〉中云：「東遊於杭，帝徵至，對御稱旨，命館太乙宮，……詔封海瓊紫清明道真人。」凡章奏，則曰：「金闕玉皇門下選仙舉人　臣白玉蟾」。

清明之後，游於盧阜之下。作〈翠麓夜飲序〉，首句云：「戊寅之春，清明後三日，有客白玉蟾來自瓊

山，游於盧阜之下。……」以誌其游之勝景和感受。

清明後三日，與陳守默、杜道樞、洪知常、詹繼瑞及王景溢，從者二百人，飲翠麓華亭，玉蟾乃作〈清夜吟〉。賓主相酬，情懷相忘，欲寐不寐，欲語不語，欲飲不飲。白子起而歌，曰：

> 吾家瓊山萬里遙，白楊青草幾春秋。
> 有琴彈破夜雨窗，有酒酌殘春月樓。
> 諸賓況復逍遙遊，奈何此夜獨休休。
> 主人檀醉曉新甃，醉後青山為點頭。
> 青山為點頭，人生何事愁？三萬六千日，
> 醉鄉忘百憂，蓬萊方丈騎青牛。……

白玉蟾氏，尚作〈翠麓即事〉詩：

> 千峰萬峰翠入門，一樹兩樹啼斷猿。
> 山後山前鳩喚婦，舍南舍北竹生孫。
> 煙迷洞口苔三徑，風吼松梢月一痕。
> 芍藥未花春未老，客來到此倒芳樽。

又作〈太平興國宮記〉，其首句云：「皇宋嘉定戊寅清明，福州靈霍童景洞天羽人白玉蟾，袂香趨敬九天御史臺下。」并有〈太平興國宮地主祠堂記〉之作。

白玉蟾氏，與陳守默、詹繼瑞，復於盧山相會。於〈海瓊傳道集序〉云：「戊寅之春，復於盧山相會，過太平興國宮。」（參見《正統道藏》冊五五）

白玉蟾氏，與道士羅適庵，胥晤良密。於〈玉隆萬壽宮雲會堂記〉，首云：「昔余嘉定戊寅來西山，與

道士羅適庵胥晤良密，既而與彭玉隆作〈道院記〉，凡宮觀冠倡之原，亦曰有可攷矣。……」

并有〈龍沙仙會閣記〉（玉隆宮）、〈玉隆萬壽宮道院記〉、〈題玉隆宮壁詩〉、〈又題桃園萬壽宮〉（詩餘）諸作。

白玉蟾氏，攜劍過玉隆，訪富川，道經武城。作〈湧翠亭記〉，有云：「……嘉定戊寅，瓊山白玉蟾，攜劍過玉隆，訪富川，道經武城……」

白玉蟾氏，作〈傳度謝恩表文〉，首云：「高上神霄玉清府雷霆令統五雷將兵提領雷霆都司鬼神公事，臣玉蟾言以今月十五日，……」之句，末署有「太歲戊寅嘉定十一年十月　日，具位臣玉蟾表奏。」并有〈神霄吟三章〉之作。

盧陵楊長孺《華文楊郎中箚子》中，有云「……讀戊寅年〈筆架山中二十八詠〉，今五年矣。……」

今見〈筆架山雲錦閣記〉、〈筆架山〉、〈積翠樓〉、〈挹爽〉、〈題筆架山積翠樓〉諸作。

湯于〈瓊山番陽事跡〉首云：「白先生以二月五日到番陽旅邸，與一舉公蔡元德劇談，且命欲同飲，每問識白玉蟾否？蔡以其狀若佯狂，且語言無擇，意其不肖子弟也。不甚領略其語，但得其集一編，麻沙刊者，又訝其才，且疑且信間，明日五更，留詩云「洞門深鎖綠煙寒，來享浮生半日閑。城北城南無老樹，橫吹鐵笛過盧山。」後題玉蟾二字，語邸翁曰，候蔡解元起，以此呈之。遂翩然而行，亦有其徒數人相追

逐。蔡大悵惜，諸公多賦詩紀其事。于嘗游龍虎山上清宮，見其題詠甚富，前年又荷其寄《群仙珠玉》一冊，然竟未識之。茲寓番城，又失於一見，感蔡君之事，亦賦數句云「白玉蟾來調蔡經，端如侯喜逆彌明。五更援筆留詩去，惆悵番江月滿城。」亦稟譙提刑，或可遣人往盧山物色之，然恐未易尋。今因何德來問其詳，謾書之。」末著「戊寅二月十一日，從事郎新南劍州州學教授湯于述。」

## 南宋寧宗嘉定十二年(1219)己卯　　八十六歲

是歲（己卯），白玉蟾氏，自洪都入浙，訪豫王，時僧孤雲率諸僧來迎。欲求為僧，以光叢林。玉蟾笑曰：「吾中國人也，生於中國，則行中國之道，理也。若以夏變夷，背天叛道，吾不忍也。禪宗一法，吾嘗得之矣。是修靜定之工，為積陰之魄，以死為樂，涅槃經所謂生滅滅矣，寂寂為樂是也。吾中國之道也，是煉純陽之真精，飛昇就天，超天地以獨存，以生為樂也。故曰本乎天者親上，本乎地者親下，夷夏之道，有所不同，道不同不相為侔也。」孤雲奇其言，亦從事於道焉。於是釋氏來求詩文者，踵門如市（彭耜〈海瓊玉蟾先生事實〉有載）。

與客游東山，白適然卯飲，諸客俱醺，於是乎書。

作〈登山記〉，首云：「歲在己卯春月閏三，白子與客聯鑣而遊東山之上。是日也，朝曦靉靆，東風浩蕩，吏兵百千，前呼後唱，草木無恙，溪山有光，……」

與諸道友，會集於溪山，飲於蟄仙之庵。

作〈蟄仙庵序〉，首句：「己卯之春三月，適閏，溪山已夏，草木猶春，瓊山白玉蟾，遊於鼓山之下，飲於蟄仙之庵，前眺後嘯，左瞻右盼，崇岡複岫，豐泉茂樹，諸友皆賢哲，不減蘭亭之集也。……」

## 南宋寧宗嘉定十三年(1220)庚辰　　八十七歲

楊長孺在〈題福州天慶觀壁白逸人詩後〉（并序）首云：「廬陵楊長孺伯子在福州時，一日禱祈天慶觀，見壁間有白玉蟾詩，……蓋嘉定庚辰也。」

楊長孺稱白逸人：「詩豪仍酒聖，不粒且不羶。果蔬供糗量，筆研為原田。得句超象外，揮毫妙無前。龍蛇走屋壁，雲煙起山川。姓名聞九重，文字流八埏。……」

作〈閣皁山崇真宮昊天殿記〉中，有云：「……梓人執輿輪之役，陶氏運埏甓之工，始斸於壬申之冬，終訖乙亥之秋，首尾四年，經營萬方，偉哉！亦難事也。嘉定庚辰，維旹季暑，予來閣皁山，適沖妙師朱季湘轄宮，遂以前此六年，新昊天之殿為告，俾予記之。……」於末句云：「是年七月朔，瓊山白玉蟾敬於殿巾書。」又有〈心遠堂記〉、〈牧齋記〉、〈閣皁山房覓書籍疏〉之作。

## 南宋寧宗嘉定十四年(1221)辛巳　　八十八歲

白玉蟾氏，從武林至姑蘇，在蘇州之虎邱，過自祖庭，參觀天慶觀正殿。

作〈詔建三清殿記〉中，有云：「……嘉定辛巳病

月既望，臣小艤長橋，將如虎邱，過自祖庭，目其正殿雄偉，為諸郡冠，詰其所自，知為詔建之也。……」

尚有〈題三山天慶觀三首〉、〈題三清殿後壁〉、〈題天慶觀〉之諸作。

> 案：痾，亦作：窩，本作：痾，《爾雅釋歲》：
> 三月為痾月。音：丙，或柄。
> 既望，月圓的意思，或作：十五日也。

作〈結座云〉，首云：「皇宋嘉定十四年，秀葽紀月清和天，湖山已還武林債，風月復結姑蘇緣。姑蘇其月十有四，四眾共結純陽會。」

白玉蟾氏，在姑蘇於十月四日，與四眾共結純陽之會。追念純陽真人冥壽，并有〈純陽會〉之作。

作〈將進酒〉，內中有云：「……昔在甲辰堯嗣位，迄今嘉定之辛巳。……」亦就是南宋寧宗嘉定十四年(1221)歲次辛巳

## 南宋寧宗嘉定十五年(1222)壬午　　八十九歲

青社譙令憲作〈松風集序〉，有云：「……此逸人白君玉蟾之詩，汗漫成集而名之曰松風者。……灑然若松風之冷，而予得於松風多矣！四方學者，謂之紫清先生云，若曰：薦有道，舉逸民。其李泌種放之流也。」末署「嘉定壬午春，青社譙令憲序。」

白玉蟾氏，作〈虛夷堂記〉，內中有云：「……嘉定壬午王春，適玉蟾以總監備員為黃籙之事，虛夷以高功相貳，一見如平生，懽莫曾同僚玉府，或已趨事

琅霄也。且屬玉蟾為文，以紀堂之始末。……」

度師鶴林君之父，先吏部覺非先生行黃籙事。門弟子紫光林伯謙等編《鶴林法語》，首云：「嘉定壬午上元，祖師海瓊君，以度師鶴林君致書，自浙而閩，為度師鶴林君之父，先吏部覺非先生行黃籙事，是日凌晨至止。……」

伏闕言天下事，沮不得達。十月，至臨江軍。

彭耜〈海瓊玉蟾先生事實〉，內中有云：「……壬午孟夏，伏闕言天下事，沮不得達。因醉執逮京尹，一宿乃釋。既而臣僚上言，先生左道惑眾，群常數百人，叔監丞坐是得祠。」

又云：「十月，先生至臨江軍慧月寺之江月亭，飲酣，袖出一詩，與諸從游談，未及展玩，已躍身江流中，諸從游疾呼舟人援溺，先生出水面，搖手止之而沒。洪都之人，皆謂已水解矣！是月又見於融州老君洞，由是度桂嶺，返三山，復歸于羅浮。」

白逸人，自臨川筆架山，遣介惠書。

楊長孺氏，於〈題福州天慶觀壁白逸人詩後并序〉中云：「……壬午臘月己亥，逸人自臨川筆架山，遣介惠書，非偶然者，錄以寄之，逸人未通書，長孺已相識矣。」

## 南宋寧宗嘉定十六年(1223)癸未　　九十歲

白玉蟾氏，游於盱而渝舟中。有〈盱江舟中聯句〉，題名下，著稱：「嘉定癸未仲秋之朔，偕黃天谷道盱而渝，舟中聯句。」

案：盱江，今江西撫江上游，古稱：盱江。

渝，今江西袁江。

尚有〈南臺舟中聯句〉、〈疎山舟中聯句〉、〈泊舟浮石寺前有善士百餘輩拜迎因聯句于水濱民居之壁〉諸作。

作〈水調歌頭‧自述〉十五首，其三，云：

今已九旬來地，尚且是童顏。

未被飛昇詔，且受這清閑。

## 南宋寧宗嘉定十七年(1224)甲申　　九十一歲

聞寧宗皇帝升遐，作詩表述哀思。

作〈甲申閏月五日聞嘉定皇帝升遐〉詩云：

唳鶴啼猿怨滿懷，煙葵露槿淚盈腮。

一鉤桂月千林黯，半夜松風萬壑哀。

不御六龍昌寶祚，遽驂八駿駐瑤臺。

小臣泉石膏肓子，無任冰肝玉膽摧。

在豫章麻山，作〈喜雨堂記〉，內有「……嘉定甲申孟秋之朔……」之句。

是年(1224)，往永嘉（溫州），識郡守王居安，并與郡道正陳丹華相交，為其作〈仙槎序〉。

## 南宋理宗寶慶二年(1226)丙戌　　九十三歲

秋七月，作〈龍雷閣記〉。

於〈龍雷閣記〉，內中有云：「……龍集丙戌，寶慶秋七，是月丁巳，祀雷既休，震烈隨響，樓居之上，金蛇跨天，鱗甲蜿蜒，繞薄壁柱，如是氤鬱，倏復轟轟，龍神躍去，風電猶然，信宿不休，……而扁

以"龍雷"之閣，吁！亦怪矣乎！是不可不書。
……」

海南白玉蟾，過螺江之濱，作〈鶴林問道篇下〉。

## 南宋理宗寶慶三年(1227)丁亥　　九十四歲

在羅浮，作〈羅浮山慶雲記〉。內中有云：「……
已應太祖皇帝，丁亥聖君之讖。……寶慶丁亥，道士
鄒思正，該覃恩霈州家檄之，知沖虛觀事，興懷休
符，命為記文。……」

## 南宋理宗紹定二年(1229)己丑　　九十六歲

是年(1229)五月，白玉蟾在永州祁陽縣（湖南祈
陽），於烏符山紫霞觀，大書「天篆山鈐碑」碑文及
鎮蛟符。

是年(1229)冬，或傳解化於盱江（今江西省臨川
江，亦就是古盱水）。

彭耜〈海瓊玉蟾先生事實〉中，有云：「……紹定
己丑冬，或傳先生解化於盱江。……」

## 南宋理宗紹定三年(1230)庚寅　　九十七歲

逾年(1230)歲次庚寅，人皆見於隴（今甘肅省）蜀
（今四川省）。

彭耜〈海瓊玉蟾先生事實〉中，有云：「……逾
年，人皆見於隴蜀，又未嘗有死，竟莫知所終。」

同年(1230)，為陳字道〈立命篇〉作跋。

白玉蟾真人，自是年(1230)庚寅歲之後，是失踪、
或隱逸、抑飛昇，無法稽考。於〈隱山文〉，有言隱
居山林之樂。其文首云：

　　　　玉蟾翁與世絕交游，高臥於葛山之巔，客或問隱山之旨，何樂乎？曰：善隱山者，不知其隱山之樂，知隱山之樂者，鳥必擇木，魚必擇水也。

　　　　夫山中之人，其所樂者，不在乎山之樂，蓋其心之樂。而樂乎山者，心境一如也，對境無心，對心無境，斯則隱山之善樂者歟！……

　　彭耜〈海瓊玉蟾先生事實〉中，有云：「……今先生九年道成而仙去，是得之速也。……先生自得道之後，蔬腸絕粒，喜飲酒，不見其醉。……都人有稱先生入水不濡，逢兵不害者，後游名山，莫知所之。先生始而蓬頭跣足，辟穀斷葷，晚而章甫縫掖，日益放曠，不知先生者，往往以是而竊議之。先生亦頗厭世而思遠游，其存亡莫得而曉也。」時南宋理宗嘉熙元年(1237)歲次丁酉仲冬，彭耜書云「甲寅」似有誤。

## 三、謫　仙

　　夫「謫仙」者，係指神霄仙界，凡犯戒規（天律）者，被謫放塵世之仙人也。

　　神霄仙界之美景，白玉蟾真人，於〈贈陳高士琴歌〉中，憶云：…太華宮中多白蓮，以金為花玉為根。

　　　　　上有瓊甲金絲龜，夜吸珠露花間眠。

　　　　　紫琅殿深不可詰，時有火鈴飛出入。

　　　　　殿中仙君乘雲軿，三千玉娥傍侍立。…

　　白玉蟾真人，自是神霄謫仙人，以至於下界多年，仍

然感懷曰：　　　此殿景象猶未忘，所以思念時悲傷。
　　　　　　　　聞君琴聲洗我心，自盍泰然發天光。…

　　凡是神霄謫仙人，並非直接從天庭來到人間，必須經
過「投胎轉世」程序。白玉蟾真人，亦不例外，係從神霄
府的雷霆大吏，投胎到瓊山的葛司訓（有興）家。或許是
多次轉世的趣事，於〈題三山天慶觀〉（三首），其二，
詩云：

　紫瓊飛清都，翠雲護絳闕。不見有星辰，俯視但日月。
　下世二千年，不敢向人說。吾已成金丹，留下飛仙訣。

　　其三，亦云：

　玉皇香案吏，金闕禁垣卿。寶爐烹日月，鐵石鞭雷霆。
　曉煉西山雲，夜煎北斗星。城南告樹精，吾家在瑤京。

　　白玉蟾真人，若每一次轉世有百歲壽命，亦要經歷二
十次投胎。於是顯見，內心煎熬。從〈曲肱詩〉（二十
首）窺之，有三次被逐出神霄府，從天庭到塵世的經歷，
更能領悟其心路歷程。以是〈曲肱〉為詩題，首抒胸臆，
看似灑脫自在，然非樂在其中矣！

　　第一次，被謫放的緣由，其一、二，詩云：
　　　　　　　昔在青華第一宮，祗緣醉後怒騎龍。
　　　　　　　傾翻半滴金瓶水，不覺人間雨發洪。

　　　　　　　玉皇有勅問神霄，誰去騎龍亂作妖。
　　　　　　　自別雷城一回首，人間天上已相遼。

　　酒後誤事，於是證明：乃天上人間通行之法則。白玉
蟾錯在傾翻金瓶水，在天上雖然是半滴，但至人間已是洪

水泛濫。這一件嚴重的事故，天庭最高統治者，玉皇上帝
親自敕問，白玉蟾真人難辭其咎，只有被貶放逐人間。

　　第一次，奉詔回，於〈曲肱〉詩，其三、四，云：

　　　　謫君塵世意徘徊，煉盡金丹待鶴來。
　　　　歸去神霄朝玉帝，依前命我掌風雷。

　　　　五雷深鎖玉清宮，白鶴呼風唳碧空。
　　　　說著這般辛苦處，三千玉女蹙眉峰。

　　神霄仙人，被貶塵世，皆非光彩，玉蟾意有徘徊，但
終是面對現實。并潛心修煉金丹，丹成鶴來，功行圓滿，
詔回神霄。玉帝亦不計前嫌，仍命掌風雷。誠然，人非聖
賢，孰能無過，有過能改，善莫大焉！

　　第二次，又被放逐，主要原因，如其五、六，詩云：

　　　　太乙天皇謁紫清，翠娥百萬擁雲軿。
　　　　當時不合擡頭看，忽見天丁叱火鈴。

　　　　我不生嗔怨玉皇，翠娥無復舞霓裳。
　　　　如何天上神仙女，染污清都一散郎。

　　這次過錯，純屬偶然。按照律規，天臣不能擡頭看玉
皇身邊仙女。玉蟾就因擡頭看一下，不巧又被天丁發現，
於是第二次遭到流放。并自己解嘲地說：我不埋怨玉皇，
都怪天上神仙女，讓我蒙受如是恥辱焉！

　　第二次，破例詔回，其七、八，詩云：

　　　　夢斷南柯覺昨非，因緣盡處兩分飛。
　　　　寒松空鎖翠娥夢，我獨于今未得歸。

玉府官僚無甚人，上皇憐我最辛勤。

忽然詔下催歸去，猿叫萬山空白雲。

白玉蟾真人，這次似沒修煉金丹，以至久無機緣回天庭。然運氣不壞，由於天庭亦缺少仙才，兼以平日工作，最辛勤賣力，玉皇看在眼裡，於是破例下詔，催促回歸天庭，真是幸運也。

第三次，再被放逐，主要緣故，其九，詩云：

瑤池王母宴群仙，兩部笙歌簇綺筵。

誤取一枚仙李吃，又來人世不知年？

白玉蟾真人，在瑤池王母宴會上，誤取一枚仙李吃，又犯了天規，再被逐出天庭，來到人間尚不久，其十，詩有云：

我到人間未百年，恰如頃刻在三天。

向來我本雷霆吏，今更休疑作甚仙！

白玉蟾真人，對往前事物，猶歷歷在目，其十一之詩云：

往昔逍遙在大華，朝餐玉乳看瓊花。

當年身著六銖服，不識人間有苧麻。

或許是離開天庭未久，倒亦消遙自在，并不急著回去，自嘲云：跣足蓬頭破衲衣，悶來飲酒醉吟詩。

塵中走遍無人識，我是東華大帝兒。

做到天仙地位時，三遭天遣落天墀。

卻嫌天上多官府，且就人間洞府嬉。

不把雙眸看俗人，五湖四海一身空。

洞天深處無人到，溪上桃花幾度春。

桑田變海海成田，這話教人信也難。
只有一般輸我處，君王未有此清閑。

白玉蟾真人，於人間樂逍遙，清閑自在，時日好快，有詩云：

這回空過二十年，肉重不能飛上天。
抖擻衲頭還自笑，囊中也沒一文錢。

不識看經不坐禪，飢來吃飯困來眠。
玉皇若不開青眼，卻是凡夫骨未仙。

世人得道成仙是道家終極目標，飛升天庭方式，有人是尸解，有人是乘靈鶴，有人是上天派下鑾輿，更風光地進入神霄仙府。然道與鶴有奇緣，誠如：道士稱羽士，道服稱作鶴氅，得道飛升"羽化"。據傳說，道與鶴的故事殊多，略舉二例，如次：①

王子喬，係周靈王太子（名：晉，字：子喬，本姓姬），晉好吹笙作鳳鳴，游伊洛之間，道士浮丘生，接晉上嵩高山學道，三十餘年，後見桓良，謂曰：「可告我家，七月七日，候我於緱氏山巔。」至期，果乘白鶴經山頭，可望不可到，舉手謝時人，數日方去，後立祠緱氏山下。

丁令威，漢・遼東人。學道於靈虛山，後化鶴歸遼，集城門華表柱，有少年欲射之。鶴乃徘徊空中而言曰：

註①臧勵龢《中國人名大辭典》（頁七七，頁二／四）

「有鳥有鳥丁令威，去家千歲今來歸。城郭如故人民非，
何不學仙家累累。」遂高上沖天去。……

　　白玉蟾真人，於〈曲肱〉詩，其十四，亦云：

　　　　說與清風明月知，揚州有鶴未能騎。
　　　　夜來五鳳樓前看，天上白雲空自飛。

　　白玉蟾真人，儘管說暫在人間逍遙數年，唯在內心深
處，終難忘卻神霄仙界，并能充分地施展仙才，且與神仙
同伴。於〈贈陳高士琴歌〉中，有云：

　　　　…我昔神霄西臺裏，雪肌玉膚冰霜齒。
　　　　長歌一曲驚帝閽，解使八鸞舞神水。
　　　　又嘗飛過廣寒宮，一見嫦娥瓊玉容。
　　　　不敢稽首便行過，倏復呼我醉瑤鍾。
　　　　水府左仙葶綠華，身居東華帝子家。
　　　　時以瑤琴鳴五霞，一聲彈落瓊臺花。
　　　　上元太真安長仙，日事玉皇上君前。
　　　　玉龍嬌癡不肯舞，獨自奏帝鳴鸞絃。…

　　白玉蟾真人，自從被貶流放人間，一切都成過眼雲
煙，似乎那熟稔的神霄仙界，大概已被遺忘：

　　　　…上界瑤池玉浪寒，鳳凰閣下羅千官。
　　　　紫皇宴坐蒼琳宮，豈復知我猶人間？
　　　　龜臺煙冷風蕭蕭，十萬彩女歌雲璈。
　　　　自憐蹤跡今塵土，安得金妃復賜桃？
　　　　青琅真人騎白鸞，日往日復玉京山。
　　　　不念曾與同僚時，清都絳闕何時還？
　　　　紫清夫人侍帝軒，朝朝嬋然妙華門。

　　　　盍思人世此懷苦，金魚玉鴈憑誰傳？…
白玉蟾真人，作〈懷仙吟〉（二首），詩云：
　　　　蟠桃脫核吾來時，銖衣拂石吾未歸。
　　　　翻思此日朝玉帝，有淚如雨沾帝衣。
　　　　自起凭樓眉自繭，琪花開後知誰剪。
　　　　鳳凰閣上定蛛絲，鳳凰閣下須苔蘚。
　　其二，又云：
　　　　坐見雲來復雲去，樓裏朝朝還暮暮。
　　　　人間天上夢悠悠，把酒長吁知幾度。
　　　　不堪吞吐良亦苦，暗想珠宮欠良遇。
　　　　臨風對月但無言，無言即是懷仙處！
　　於是顯示，白玉蟾真人，日思夜想，無時無地，都在
懷念：美妙仙處！
　　天庭上一干人，大概都忘卻在塵世中，受苦難的謫仙
人。於是乎！白玉蟾真人，看見一隻孤獨離群丹鶴，立刻
就自憐其遭遇，於〈孤鶴辭〉云：
　芝田長相依，瑤池長相隨。雲泥共悲歡，生死同襟期。
　行啄林莽間，斷翅誰與醫？往者不可復，病者不得飛。
　極目青雲中，臨風翹以思。思深不復啄，一唳天容悲！
　　白玉蟾真人，於〈可惜〉詩中，亦云：
　　　　人間何似神霄府？我今面目蒙塵土。
　　　　年來無夢到神霄，一度傷懷淚如雨。……
　　…神霄有路平如掌，青雲可梯星可摘。
　　　　可惜袖中一卷書，可惜手中一枝筆。
　　　　南方有人無消息，對花對酒長相憶！

　　白玉蟾真人，被流放人間，逐出神霄已久，連夢都沒了，還談甚歸期。於是乎！蟾宮謫仙人，乃一神異人物，殊富有神秘感。行蹤成迷，神游不定，隱顯不一，人莫之測，究竟是成仙飛升乎！抑係得道歸隱乎！留給世人無解的迷思與疑惑矣！

　　白玉蟾真人，於〈雲游歌〉中，有云：

　　　…江之東西湖南北，浙之左右接西蜀。
　　　　廣闊淮海數萬里，千山萬水空碌碌。
　　　　雲游不覺已多年，道友笑我何風顛？
　　　　舊遊經復再去來，大事忽忽莫怨天。
　　　　我生果有神仙分，前程有人可師問。
　　　　于今歷練已顢頇，胸中不著一點悶！……

　　於是顯見，白玉蟾真人，旅途艱辛，飧風宿露。游歷之廣，幾乎踏遍，南宋治下，每一區域。依據各地史志窺之，足跡所到之處，確有文物佐證其事。諸如：

　　四川成都，青羊宮有手書碑石：「字徑半尺」（明・曹學佺《蜀中廣記》有載）。

　　湖南零陵縣（今永州）花月樓，湖北祁陽縣之祁山，白玉蟾真人，曾登臨賦詩，列為本地掌故（清・徐國桐《湖廣通志》列載）。

　　浙江錢塘縣之三一庵，乃白玉蟾真人修真之所（清・梁詩正《西湖志纂》紀載）。

　　浙江永嘉縣的巽吉山，白玉蟾真人，曾經駐鶴（清・施維翰《浙江通志》紀載）。

　　廣東長寧縣之岳城，乃白玉蟾真人，煉丹之所（清・

阮元《廣東通志》紀載）。

福建崇安縣的止止庵，是白玉蟾真人，棲息之地（清·陳壽祺《福建通志》有載）。

江西含山縣禱應山、豐城縣始豐山、南昌縣白仙嶺、安福縣武功山，……到處都有白玉蟾雲游的蹤跡（清·趙之謙《江西通志》記載）。誠如：元·虞集（大文豪）云：「江右遺墨尤多，……」（參見《道法會元》卷一○八〈景霄雷書後序〉紀載）江西，係白玉蟾真人，求道之旅，魂牽夢縈之地。

迨明孝宗（敬皇帝）弘治年間，在福州道山南麓，耜建有“白真人廟”（紫清宮），內塑有白玉蟾神像（明·喻政《福州府志》卷三十六·寺觀，王應山《閩都記》卷九，俱載）。

明世宗（肅皇帝）嘉靖十六年(1537)歲次丁酉，道士李元陽任止止庵住持，特以止止庵改名為“白真人祠”，藉資追思與紀念。

據傳說，瓊州（今海南省）瓊山縣境內文筆峰（今屬定安縣），是白玉蟾真人，最終歸隱之地，并在升仙崖上，羽化成“仙”，飛昇“神霄”（最高仙境）云云。

於今在文筆峰下，以南宋風格為基調，採仿古之建築群式：玉蟾宮──南宗宗壇，作為道教聖地，以追念是位出自海南的道宗：白玉蟾·紫清明道真人！

# 四、傳　奇

　　白玉蟾真人，乃神霄謫仙人。平生蓬頭跣足，一衲弊甚矣。然神清氣爽，喜嗜飲酒，未見其醉。嘗自讚云：「千古蓬頭赤腳，一生伏氣飧露。笑指武夷山下，白雲深處吾家。」又題曰：「神府雷霆吏，瓊山白玉蟾。本來真面目，水墨寫湘縑。」常往來羅浮、武夷、天臺、霍童諸山，或蓬頭跣足，或青巾野服，人莫識也（參見《三才圖會》、《尚友錄統編》、〈神仙通鑑・白真人事蹟三條〉紀載）。

　　白玉蟾氏，修煉祈雨除旱、除妖去邪、療疾禳災、賞善罰惡等道術。於得道後，浪跡江湖，替天行化，濟人度世。若遇人罹患疾病，或草或木，或土或灰，隨取予之，餌者則愈。

　　白真人之異行怪事，或傳說，或神話，或典故，殊多焉。就其相關史料，舉例著述於次，以博諸君一笑，非蓄意戲弄也。

### 酣睡水面

　　白玉蟾真人，雲游四方，濟人度世。嘗遊西湖飲酒，至暮墮入水中，舟人尋之不見，達旦而玉蟾臥於水面，猶酣然熟睡也（神仙通鑑）。①

### 拜章禳災

注①李叔還《道教典故集》（頁七〇～七一）

　　乙亥冬，武夷詹氏之居，火光墜其家，延先生拜章以禳之。已而大書一符於中庭，是夕聞戶外萬馬聲，有呼云火殃已移於延平某人之家，驗之果然，信慕益眾（彭耜〈海瓊玉蟾先生事實〉有載）。

　　案：乙亥，係南宋寧宗嘉定八年(1215)歲次乙亥。

### 祈雨果應

　　丙子春，過江東，憩龍虎山。歲旱，諸羽流誦〈木郎咒〉，祈雨弗應。先生乃為改正誦之，果雨（傾盆大雨，自天而降），人疑為虛靖後身（彭耜〈海瓊玉蟾先生事實〉有載）。

　　案：丙子，係南宋寧宗嘉定九年(1216)歲次丙子。

### 孤雲從道

　　南宋寧宗嘉定十二年(1219)己卯，白玉蟾真人，自洪都入浙，訪豫王，僧孤雲率諸僧來迎，欲求其為僧，以光耀叢林，製衣鉢，物物具備矣！

　　玉蟾笑曰：「吾中國人也，生於中國，則行中國之道，理也。若以夏變夷，背天叛道，吾不忍也。禪宗一法，吾嘗得之矣。是修靜定之工，為積陰之魄，以死為樂，涅槃經所謂生滅滅矣，寂寂為樂是也。吾中國之道也，是煉純陽之真精，飛昇就天，超天地以獨存，以生為樂也。故曰本乎天者親上，本乎地者親下，夷夏之道，有所不同，道不同不相為伴也。」於是乎哉，孤雲感其言，遂棄僧從道焉。是故，釋氏來求詩文者，踵門若市也。

### 借水遁去

　　南宋寧宗嘉定十五年(1222)壬午歲十月，白玉蟾至臨

江軍，慧月寺之江月亭，與從眾飲酣，袖出一詩，與諸從游談，未及展玩，已躍身江流中，諸從游疾呼舟人援溺，玉蟾出水面，搖手止之而沒，瞬間借水遁去，不知所之。是月，又見於融州老君洞，由是度桂嶺，返三山，復歸於羅浮矣。

## 爾來勿驚

一日有持刃追脅者，玉蟾叱之，其人不覺，墜刃而逃走。玉蟾召之曰：爾來勿驚，遽以刃還之。都人有稱，入水不濡，逢兵不害者。後遊名山，莫知所之。

## 祛病驅魔

白玉蟾氏，進訪金堂，遇老道授《度人經》，路過巴陵，適村落瘟瘟正作，鄉民見其夜行有光，來請符水治病，玉蟾無處摸索，依法本，亂書雲篆，神將靈應，邪鬼驅捉殆盡，境賴以寧。

夜行北邙山下，草衰古墓，月掩荒臺，隱隱鬼哭不止。乃展經朗誦一卷，其聲旋寂，始知經符之妙。於是，呼召雷雨，鹹聶精魔，遍歷名山，備嘗艱苦，如是七年，歸羅浮復命。泥丸慰曰：學者須如此辛勤，方能任道也。

## 紙剪圓月

白玉蟾氏，丰神峻拔，行諸階法，雷印佩於肘間，祈禳則有異應。有一日，與隨從弟子漫游，乘帆船過鄱陽湖，適值日暮，無法行駛，篙師議泊舟，玉蟾剪紙月，噓於桅檣，皎然達旦，前行無阻矣。自此之後，隨處遊行，濟人度世。

## 藥舖傭工

　　吳城臥龍街南徐藥舖，有傭工者，為供截藥凡五載，忽一日抱徐之幼子出，逾時歸，徐詢之，傭曰：曾往福建，徐不信，傭向兒袖取鮮荔枝圓果出，曰此地所無，聊取共嘗，徐駭問兒，兒曰：傭抱我以手掩吾面，聞**轟轟**聲，少頃，放手，身在樹下摘果，徐意入閩，遙隔數千里，安能片時回還。傭曰：「實非凡輩，為有夙緣，故來暫寓，今緣盡矣。將去，故少露吾跡。」徐喚為真仙，闔門羅拜求賜福以貽子孫。仙曰：當為君擇墓。鄰舍惟劉、盛兩家，深信亦來求之。徐云無他望，止求世守醫業。盛云：但求子孫平安耳！劉云累代讀書，其後願得貴蔭。仙各如其請，為之擇地，盛於黃山，徐、劉虎邱。獨謂劉曰：君家七世積德，當解元頭狀元尾。點穴畢，即辭去，眾請留名，始曉之曰：白玉蟾。（彭羲竹林〈神仙通鑑·白真人事蹟三條〉俱載）

## 營救慧能

　　六祖慧能，俗姓盧、名惠能，嶺南新州人。傳說：惠能於曹溪，被一惡僧尋逐，幸遇白玉蟾在彼犁田，田中救六祖，接授衣缽，迎歸於家，供養三載，敬而無失。

　　玉蟾素性好道，曾與馬端陽情投意合，馬常至白家往來，此時馬氏幸得參見六祖，見其德慧雙美，遂將密法傳與白、馬二人，為第七代祖師，承其兩儀道統。

　　六祖後隱於四會獵人隊中，凡經十五載，獵人見其樸實常令守網，祖每見性命暗地放之，每於飯時以菜寄煮於肉鍋之邊，或問則對曰：但食肉邊菜，作事無虧心。六祖隱於四會獵人之中，亦常往白家教授至道，講說佛法，謹

囑白馬二人。此時天意已定，道落火宅，儒起釋終，和光同塵，勤參苦提道心，永證涅槃妙果，為說偈曰：

**釋家從此絕宗風　儒門得法至道通**
**日後三期開普渡　正心誠意含中庸**

惠能於唐太宗貞觀十二年(638)戊戌二月初八日子時生，享年七十六歲。唐睿宗先天二年(713)癸丑八月初三日，忽謂門人曰：吾行矣。（參見《道統寶鑑・金線與天機》頁二四～二五）

　　案：六祖：惠能(638~713)，白玉蟾(1134~1229)，
　　　　相距五百六十載。謹係傳說，或是神話，別當
　　　　真耶。

## 羅浮古器

羅浮沖虛觀，當宋時有道士，於朝斗壇下，得銅龍六、銅魚一。細玩之，非金、非石、非銅鐵。其龍皆具四足而微鱗，魚則空洞其中，無孔、堅若窰瓷，輕如木葉，蓋神物也，蘇長公（東坡）嘗以為異。

　　屈大均案：道書稱真人傳授，齎金龍玉魚，盟誓天
　　　　　　地，或即此物。嘉靖間，文移取去，今
　　　　　　不可得矣！

觀又有樂器四十餘種，為真人白玉蟾遺制，名「雲璈樂」。靜夜月明，羽人一再奏之，猿鳥皆鳴，四山響應。今樂器亦零落殆盡，惜哉！（清・屈大均《廣東新語》卷十六・器語）

# 卷之二　道　宗

　　白玉蟾真人，本姓葛，名：長庚，法號：白衣居士，宋・瓊州瓊山縣人。

　　白玉蟾氏，幼知方外之學，無心科舉之名。有志於道學，乃棄儒從道。專思學仙，毅然就道，出家雲游，四方尋師，於羅浮山，師承陳楠（翠虛真人），互達九載，始得其道。時稱「入水不濡，逢兵不害，神異莫測」矣。

　　白玉蟾氏，博洽群書，學貫（儒、釋、道）三氏，乃哲學宗師，道教金丹派：南宗五世祖，道號：白玉蟾，詔封：紫清明道真人（一作：養素真人）。

　　白玉蟾氏，於丹道學理論，暨修煉金丹與雷法之卓越成就，於道學界具有崇高的地位，暨不可泯滅的價值焉。

## 一、釋　義

　　道教乃中國最古老的宗教，力倡「遵天法祖，利物濟世」主張，宗源於黃帝，闡揚於老子，成教於道陵天師，世人稱為「黃老之學」。

　　道教認為「道」者，乃宇宙之本體也。先天地而生，故為天地之根，萬物之母，主宰天地，造化宇宙，是自然法則與一切真理。老子云：「人法地，地法天，天法道，

道法自然。」又曰：「有物混成，先天地生，寂兮寥兮，獨立而不改，周行而不殆，可以為天下母。」復言：「道生一，一生二，二生三，三生萬物。」更說：「無狀之狀，無象之象，視之不可見，聽之不可聞，博之不可得，迎之不見其首，隨之不見其後。」這皆說明「道」，乃「先天大道」，亦係「道在天地之先」，而演繹成「先天大道」、「偉大造化」的宗教，就是「道教」耶。①

　　道教是衍化先天道的精義，教人學道、修道、行道而達清淨無為，天人合一，至真至善至美境界，是乃中國唯一而固有的本土宗教。

　　道教倡導「崇德報本」，其「道有三本，天地者：生之本也，君師者：治之本也，祖宗者：類之本也。」於是道教的家庭，同時設有神龕與祖先牌位，或是天地君親師神位，必須拜神同時敬祖，這是道教與其他外來宗教，有所不同的最大特色。於是顯示，道教於家庭、於社會的認同和向心力。

　　道教的中心教義，就是「禮神明，敬祖宗，愛家園，保民族」，而要求信眾奉行「孝、悌、仁、信、和、順」之行持六訣，暨「存好心，說好話，讀好書，學好樣，做好事」的修身五箴。

　　道教之弘揚，其目的有四，分別著述如次，以供仁人君子參考。

　　㈠、說神之法：闡揚真理，旨在宏道傳教，淨化人

注①《我們對道教應有的認識》，頁二～四。

性，美化人生，以安定社會。

㈡、揚神之功：祀神敬祖，旨在崇德報本。天地是生之本，繼續生存，就不可無天地。君師是治之本，教治之功，是發展生存的動力。祖宗是類之本，保存生存，功在祖先。

㈢、體神之心：進修功德，旨在律己度人，律己則修持戒律，進功修德，冀得真道。度人則仰體天心，利物濟世，亦即外功也。於是顯示，內功外德，內外雙修之意。

㈣、續神之德：組織教團，旨在發揮力量，成為推展道教，保衛家園，延續民族的動力。

是四大目的，亦就是道教信眾立志、立言、立德、立功之四大抱負，暨最高信道境界。

道教是屬多神教，神仙係道教最高人格表現，道教之神分為先天、後天二大類，最高之神為「三清道祖」，是以道教徒又稱「三清弟子」，玉皇則係掌權者。由人進修成神者，有神、仙二大類。仙人係修道大成，具自在無礙之神通者。而神，係人祀「有功德與民者」。

是以「神」之本義，乃「才智技能超絕者」、「有功德於民者祀，唯聰明正直者神。」《易經》（繫辭）：「陰陽不測之謂神」，《大載禮記》（天圓篇）：「陽之精氣曰神，陰之精氣曰靈，神靈者，品物之本也。」是係指「天神」之範圍者也。

道教經典，悉收於《道藏》內，現行《道藏》係明英宗正統年間刊梓，故名《正統道藏》，計分：三洞四輔十二類，合共五四八五卷。早期道經稱為《三洞經》，計有

上清、靈寶、三皇三部份，後之合成稱为《三洞珠囊》。唐代稱为《三洞瓊綱》，計有一百八十萬卷。宋代編为《大宋天宮寶藏》，元時稱为《玄都寶藏》，後被焚毀。

　　今之《道藏》分三洞：洞真、洞玄、洞神，四輔：太平、太玄、太清、正乙。而三洞又各分：本文、神符、玉訣、靈圓、譜籙、戒律、威儀、方法、眾術、記傳、讚頌、表奏十二類，合稱三十六部尊經。

　　道經，係以黃帝《陰符經》，道祖《道德經》，莊子《南華經》，尹喜《文始經》，金闕後聖帝君《黃庭經》，合为五大經。另以「陰符、道德、清靜、龍虎、黃庭」，「參同契、悟真篇、三皇玉訣、青華秘文」为內煉五經四書。又以「度人、玉皇、玉樞、三官、北斗」，「生神玉章、濟煉科、祈禱儀、千金方」为外修五經四書。

　　按《道經》又分三類：宣揚真言的奉誦之經，默識奧秘的默誦之經，暨參證玄理的參誦之經。以及道品經（是神霄真言）、霞品經（是紫府秘笈）、桂品經（是文昌規範）。於是乎！旨在改善社會風氣，提高道德標準。

　　案：神霄——九霄之最高者，稱：神霄，亦稱作：
　　　　　　神霄玉府，乃玉清長生大帝所治。
　　　　紫府——銀宮金闕，係神治之所。紫府青都，
　　　　　　係仙居之地。

　　道與釋不同，佛教在傳入中國之初，國人不能接受，乃以老、莊學說，詮釋佛理，稱为「佛道」，於是相似之處頗多。其辨別方法，分著於次，以供參考。②

　　就「基本教義」言之，道教相信感應，主張修心煉性。道教徒希望得道成仙，神仙是道教最高人格表徵。佛教主張慈悲，相信明心見性。佛教徒希望涅槃成佛，極樂界是佛徒嚮往所在。

　　道教採多神論，富強烈的民族色彩，無末世論，是積極的宗教。佛寺不供神明，不重家庭觀念，教信者尋求解脫，有末法論，出世思想濃厚，乃消極的人生觀。

　　道教以宮、觀、廟、府、殿、壇為道士、女冠，為祀神闡教之場所。乾神稱天尊、上帝、大帝、帝君、真君，坤神則稱元君、母、后、妃、夫人。護法神稱靈官、天君或元帥，瘟部神或保境神多稱大王、千歲或王爺。信者以傳度或奏職為教之階，號稱三清弟子，高道則稱真人、先生、〇〇子或仙子，神職人員名為〇〇仙官或〇〇仙卿，用法名，但冠以本姓，以供手為禮。儀軌稱為齋醮，不尚血食之祭，修者功行圓滿時稱為飛昇或羽化，家居時應設神位及祖先牌位。

　　佛教以寺、庵、精舍、蘭若為僧尼禮佛修持之所，禮拜對象為佛、菩薩、羅漢，護法為韋陀或伽藍，其信眾以皈依為入教之梯，自稱三寶弟子，以合十為禮。其教儀稱為佛七或法會，出家男眾曰比丘，女眾曰比丘尼，在家男眾曰優婆塞，女眾曰優婆夷，出家眾用法名，去本姓改姓釋，不拜神及祖先，與道教徒同樣穿海青，功滿則曰圓寂或涅槃。

　　注②《我們對道教應有的認識》，頁四。

　　至於道院、道堂，或佛院、佛堂，兩教均有，最好冠以教名，以資識別。佛、道二教為保存純淨的宗教文化，不希望社會對佛、道有雜揉混同的現象，以損教譽矣。

　　從「立論基礎」窺之，在作風上就有更大的不同。佛教是教人悟空：空即是色，色即是空，有色亦空，無色亦空。凡物之過程，成住壞空，終歸於空，有亦是空，無亦是空，禪宗頓悟，旨在悟空。於是之故，講來講去，皆一空字。然道教是教人存有：天地有道，由無生有，一有永有，無中有有，是謂妙有。道生一，即有一。一生二，即有二。二生三，即有三。三生萬物，萬物有生，自然因動而生變化，長生長化，而無止境。有則恆有，不會再返於無。天地有靈，靈亦永有。無無為妙有，妙有於無無。道為有根，則有道，道永言有，故有神境，則有天人相發，天人相應，天人相顯，天人相通，天人相感，而道有成。於是之故，佛門不言空而悟空，道門不悟有而言有。

　　綜而言之，道教與佛教，無論是從教義方面有極大的出入，而在教規、教儀、教派諸方面，更有特殊的不同。於是在認知上，吾人應有完整的理解與概念。

　　此外，相傳"媽祖"是觀音的化身，乃無稽的傳說，於史無據也。③

　　媽祖的師父是道士玄通，卻是媽祖在世時之事實。媽祖師玄通，學「玄微妙法」，遂能變化莫測。其「玄微妙法」，乃"道法"而非佛法，則莫可混淆而論矣。

注③《我們對道教應有的認識》，頁五。

　　媽祖道成而白日飛昇，然“飛昇”係道者成道的終極目標。在媽祖得道後，歷代帝封分別以夫人、天妃、天后、聖母為號，亦都是道教的稱謂。媽祖的祠宇，亦以道教名稱「宮」、「廟」為額而不稱寺庵，法身不穿僧衣，皆足以證明“媽祖”是神而非佛，至為明顯哉！

　　媽祖出身福建湄州，故成海上保護神，並為福建大部份地區的保境神，臺灣先移民來自閩海，且海上謀生者眾，故媽祖信仰特盛。惟媽祖信仰是宗教性，而媽祖是道教神的事實，自不容後人分割或分化，替為變更宗教教別，混淆社會的正確認知也。

## 二、源　流

　　道教乃中國最古老而固有的宗教，其源流久遠，緣自黃帝軒轅氏肇始（參見《素問》、《靈樞》等書），中經老聃‧太上老君（參見《道德經》一書）發揚，嗣之後漢（東漢）張道陵，俗稱：張天師（創「五斗米道法」）成教，令信道者習老子五千文（言簡義博，廣涵真理），由於附託老子學說，故又稱：黃老之學。

　　道教之始為道學，即黃老之道，緣自黃帝時代（2697 B.C），距今（庚寅）歲(2010)，互達四千七百零七年之久矣。然黃老以前已有“封象”之作，詮釋天道，演繹人事，亦有祭典，崇祀鬼神。迨於黃帝，則順天地之紀，幽明之占，死生之說，封禪山川，以政行道。厥後，顓頊布政，載時以象天，依鬼神以制義。高辛則明鬼神而敬事

之，嗣經堯、舜、禹、湯，以迄周公，一千五百餘年間，苟為賢君，無不遵黃帝之道，敬天修禮，以道治國，所謂「國之大事，在祀與戎」，其時雖無「道教」之名，然政、教合而不分，中古以前，東西各國，皆然乎哉！

當周朝春秋時代（722~481 B. C），中國有兩大哲人，一為孔子（丘），提倡倫理道德，以人本哲學為中心。一為老子（聃），通曉王家學術，承襲古代黃帝之道，崇尚自然發展，化育萬物適應人性，順符道德，與天合體。其思想超脫自由，與孔子之嚴謹有別，而崇善反暴，實彼此相同。逮孔子之後有孟子（軻），老子之後有莊子（周），兩者學說思想相去逾遠耶。

然周、秦之際，墨（墨翟）、名（鄧析）、法（管仲）、兵（孫武）、刑（尹文）、陰陽（鬼谷子）諸家，多源自道家，儒生言天道與人道之關係與觀念，亦仍承襲道家之說。至漢代文景之世，宮廷且咸崇黃老之道，以致治平。比及漢武，罷黜百家，尊崇六經，儒術始統於一尊，惟儒無宗教儀式，僅言入世而不言出世，只限於人生而不及於神道。

在後漢，亦稱：東漢（26～230）時代，邃於學道之士：張道陵，客居西蜀，學道於鵠鳴山中，潛心闡思，著作道書，以清靜懺悔化民，並制定種種科儀，規範徒眾，道教始正式以宗教之名，應之於世，眾尊張道陵為天師（俗稱：張天師）。

## ㈠、開創時期

道教初創之時，信眾僅限於西蜀、漢中地區，後張道陵之子，張衡至江西龍虎山講道、傳教，長江以南道教始興。其裔孫：張魯據漢中，以道教誠信不欺詐之理，教誨人民，凡有罪、有病，皆須自首其過，許其三願。又置義舍、義米，行者可休息取足，民夷樂便，歷時三十餘載，安定一方。

後歸於魏，魏尊神之，北方人士，多信其道，魏晉之際，時人因痛政治詐暴而殘忍，智慮之士，多好老莊之說，藉玄冥以自誨，一時道學趨盛，詮釋老莊之著作殊多。後雖五胡亂華，然道教思想及道教組織在劇亂之中，反因其文化有高度之力，而生放異彩。

南北朝時期，南梁有陶宏景、北魏有寇謙之，皆被尊為國師，講道授徒，名臣多為弟子，一時宮、觀、祠、壇之建築，祈禱齋醮之舉行，以及勸善規過、化民成俗等功德，史冊所載，不勝枚舉，至唐興而道教大盛矣。

## ㈡、昌盛時期

唐代，雖教門繁多，惟國教實為道教。不特宮廷尊崇道流，名臣如魏徵、李泌等，且皆曾入道。而唐代文化、武功之盛，得力於道教者，正復不少，諸如：天文、冶煉、醫藥、音樂等，更多係道家發明，道教之觀宇，遍於天下耶。

宋興，君主多篤信道教，奉為國教，行政亦因受道教

影響，而尚寬厚。國內祠、觀，則在制度上，作為大臣退老之所，政教至為諧和，而道教天師世代襲封制度，至宋亦更為尊崇而嚴格，理學家且引道家靜坐之法，明性之理，以及卦爻象緯等學術，以增飾之，故在宋一代，實為道教最安定的時期。

　　案：在漢代，道須自別於儒，至宋時，則儒反比附
　　　　於道矣。

### ㈢、寖衰時期

　　明代之興，起自紅巾，紅巾之肇始，創自韓山童，以儒生入道教，假金仙彌勒名，稱之為彌勒教，秘密宣傳復國，又自謂係宋後，用心良苦，歷時多年，徒眾大盛，因元失政，起而舉事，初遭失敗，山童殉難，而徒眾分：南瑣、北瑣，各自競起。

　　明太祖朱元璋，乃紅巾部將，艱難百戰，卒建皇朝。顧其人陰鷙，深知道教崇尚慈愛自然，且言天道靡常，惟德是歸，不利於專制統治。於是得國後，表面上是尊崇道教，然實際上具摧抑道教，力使道教思想，完全脫離塵俗，不涉及世事。又改封天師為真人，專司醮齋祀典，道眾傳習更多例禁，至是道教型態不變。

　　於清尤然，道教學術思想，明清兩代學人、才士，仍多私習，民間敬神祭祖，亦延道統。於社會上，忠誠、信篤、守分、知足之習慣，皆本於道教。然道教本旨，彌晦不顯，學說事功，日形寖微。甚至苗夷巫術，市井游閒，以及種種愚昧落伍之迷信行為，皆託名依附於道教，其流

弊至清季「義和團」而極，道教蒙謗日久，積非叢尤，士人更多以淺見詆諆道教。惟道教中，天師派、全真派，尚恪守道職，繩繩不絕，成為全國道教的中心。

道教係由人道進入聖道，再由聖道進入神道。內涵高深哲理，並以完備之學術經典為基礎。誠如《史記》（太史公自序）云「道學無為，又曰無不為，其實易行，其辭難知。」（參見《史記》卷一三〇）由於辭深難知，致深入精究者尠，尤以明清兩代，主政者大都尊儒崇佛，刻意抑道之後，更形惡化，自不待言也。

此外，如川楚間之白蓮教，北方之天理教，雖係支流，而當清廷威臨天下之時，教中仁人志士，因民族大義，起而反抗，奮揚飆舉，震鑠一時，功雖不成，然道教之潛在力量，正復可驚矣。

綜而言之，中國道教沿革史，實與中國學術思想史、政治思想史、社會進化史、民族興革史，皆密不可分耶。

## ㈣、復興時期

民國肇造，政體新建，地方官吏，一時惑於外來學說，視道教為迷信，不特道教學說，未獲重視而正當提倡，甚至道眾活動屢遭干涉。於民國十七年(1928)戊辰，全國統一之後，頒布《臨時約法》規定：人民信教自由，並保護一切宗教，道教始稍得安定。惟丹鼎壇醮，既為當世所非。而積善修持，與懺罪明心，更為時代物慾所蔽，即使經典誦習，能博覽廣知，領悟玄哲之學者，亦鮮有其人，道教衰微，洵非朝夕焉。

道教六十三代天師，守貞赴義，隨國府遷臺，誓終生復興道教，與大師：趙家焯等通力合作，共策中興。數十年來，在臺灣道教之發展，與其各種活動，已漸使國人，對於道教更有其嶄新的認識。

於今，臺灣各縣市，道廟（宮、觀、府、殿、壇）林立，奉拜神妃，有同有異，其宮廟之間，皆能相互尊重（莫相排斥），教化奉道信眾（徒）。並組立全國道教會，相互參拜，交流互助，共同弘揚道教，中興道學，功不可沒矣！

## 三、道 派

道教是中國固有的宗教，其源流久遠，緣自黃帝（軒轅氏）肇始，中經老聃（太上老君）發揚，嗣之後漢（東漢）張道陵（人稱：張天師）成教。由於師承黃老學說，故又稱：黃老之學。

迨北魏·寇謙之，夙好仙道，自言遇太上老君，傳授丹法，賜以天師之位，魏世祖信之，為建天師道場。於是道教乃完具宗教之形式，而老君亦為道教之宗矣。

唐代，雖儒、佛、道三教並立，然因李唐與老子同姓，乃大尊奉之（尊為太上玄元皇帝），而使人民建「玄元皇帝」之廟，又建「崇文館」，以定道舉等之制，亦行煉丹之事。自此位於釋迦之上，道教之隆盛，至此遂臻其極，宋代以後，雖稍式微，唯其潛勢力，實依然存在矣。

道教於宋代，南渡汴州後，乃漸分派別，而有南、北

二宗，分別列著於次，以供方家查考。

南宗：老聃（太上老君）、王誠（東華少陽君）、鍾離權（正陽帝君）、呂純陽（孚佑帝君）、遼之劉操（純佑帝君），以至宋代張伯端、石泰、薛道光、陳楠、白玉蟾、彭耜……。

北宗：自呂純陽，以傳至金之王嚞云。

依據明·王禕《青巖叢錄》載：南宗以性為主，北宗以命為主。主性者，因服食煉養，以保嗇吾人之真性，此可稱為自力宗。主命者，乃由符咒科教以得延命，故可稱他力宗。於是南、北二宗，皆倡性命雙修，內煉成真，實為同源異流，祇是煉養方法有所歧異而已。尤以北宗之王嚞（中孚），最為著名（字知明，號重陽子，咸陽人。年四十八，遇呂洞賓之化身，而得仙術。據其所教，則先使人讀《孝經》及《老子道德經》，以修孝謹純一之德。其立說多涉六經，故在文登、寧海、萊州諸地，說法開會時，必冠以三教之名。其號稱全真者，乃屏去幻妄而獨全其真之意者也（全真教派之創始人）。

道教，因其歷史悠久，流傳地域廣泛，而修奉者眾，連絡者少，於是各立門戶，故教派大小紛歧，多至不勝枚舉。依據《諸真宗派總簿》列載：迨至清宣統三年(1911)截止，自混元派至尹喜派，就有八十六派之多，內中雖有不少重複（或許有屬系譜者，並非獨立一派），唯至少亦有近八十支派。

綜以大要者歸納之，計分列，首為：積善、經典、丹鼎、符籙、占驗等五大派。次為：正一、南宗、北宗、真

大、太一等五大宗。其餘小派紛紜，則難備列矣。

　　從宗派的演化窺之，道教自宋、元間開始，以往各小

## 道教五大派源流表

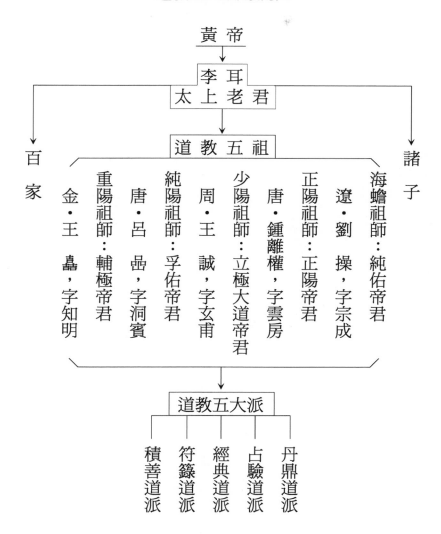

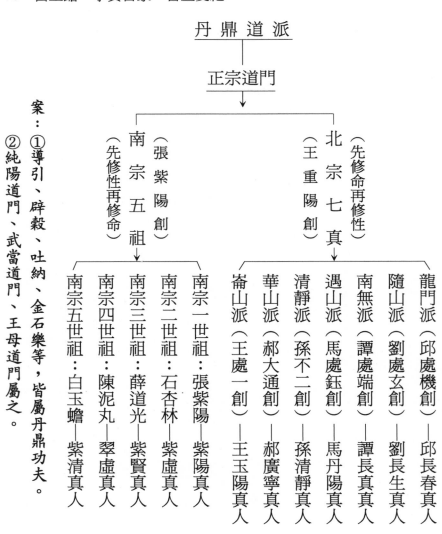

丹　鼎　道　派

正宗道門

南　宗　五　祖
（張　紫　陽　創）
（先修性再修命）

北　宗　七　真
（王　重　陽　創）
（先修命再修性）

南宗一世祖：張紫陽—紫陽真人
南宗二世祖：石杏林—紫虛真人
南宗三世祖：薛道光—紫賢真人
南宗四世祖：陳泥丸—翠虛真人
南宗五世祖：白玉蟾—紫清真人

龍門派（邱處機創）—邱長春真人
隨山派（劉處玄創）—劉長生真人
南無派（譚處端創）—譚長真真人
遇山派（馬處鈺創）—馬丹陽真人
清靜派（孫不二創）—孫清靜真人
華山派（郝大通創）—郝廣寧真人
崙山派（王處一創）—王玉陽真人

案：①導引、辟榖、吐納、金石樂等，皆屬丹鼎功夫。
②純陽道門、武當道門、王母道門屬之。

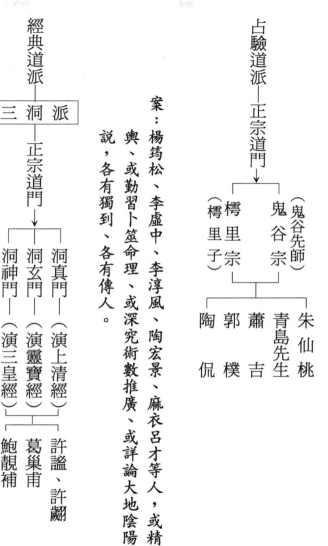

占驗道派—正宗道門

(鬼谷先師)
鬼谷宗
樗里宗
(樗里子)

朱仙桃
青島先生
蕭吉
郭樸
陶侃

案：楊筠松、李盧中、李淳風、陶宏景、麻衣呂才等人，或精研地理堪輿、或勤習卜筮命理、或深究術數推廣、或詳論大地陰陽，著書立說，各有獨到，各有傳人。

經典道派

三洞派

洞派—正宗道門

洞真門—(演上清經)—許謐、許翽
洞玄門—(演靈寶經)—葛巢甫
洞神門—(演三皇經)—鮑靚補

案：晉代，此道派最爲發達，對道教文化發生之影響極大，近代以來，此派人士又漸露頭角，他日對宗教亦自有貢獻也。

符籙道派─正宗道門

龍虎一宗（張陵創）（正一道屬本宗）

西山淨明宗（許遜創）（閭山乩士屬本宗）

閣皂靈寶宗（葛洪創）

三茅上清宗（茅盈、茅固、茅衷創）

案：①符籙道術，包括仙蹻、飛遁、藏形、匿影、移靈、祝由等諸種，其習鍊則另有道門。

②靈應派，屬符籙道派。

積善道派─凡以太上感應篇、文昌帝君功過格為修道之依據者，即為本道派之正宗道門，諸如：海外之德教、鐘教等道派。

案：在家施財之先天善堂、鸞堂、以及居家施法之斗壇等奉道團體，均屬之。

綜上窺之，道教各道派或教門，皆可自稱「教」，如「正一教」、「全真教」等，此亦為道教特色之一耶。

支派，不歸入全真（北宗），便已附於正乙（南宗）。於今臺灣各地道廟（觀、宮）林立，其宗派之間，皆能相互尊重，教化奉道信眾（徒），共同弘揚教義也。

## 南宗傳授簡表（自周、漢、唐、宋、元止）

周・李　耳：一名重耳，字伯陽，諡：聃，號為老子，亦稱：老聃，尊稱：太上老君。

　　王　誠：字玄輔，或云：元甫，號少陽，東華少陽君。自稱：東華帝君，亦稱：少陽帝君，尊稱：立極大道帝君。

唐・鍾離權：後改名：覺、字寂道、號和谷子、一號：正陽子，又稱：雲房先生，尊稱：正陽帝君。

　　呂　巖：一名：喦、字洞賓，別號：純陽子，亦稱回道人，尊稱：孚佑帝君，又稱：呂祖，俗傳：八仙之一。

遼・劉　操：又名：玄英，字昭遠、一字：宗成，亦號海蟾子，尊稱：純佑帝君，亦稱：西華真人。

宋・張伯端：後改名：用成，字平叔，號紫陽，尊稱：紫陽真人，南宗一世祖。

　　石　泰：字得之，號杏林，又號：翠元子或翠玄子，尊稱：還源真人，南宗二世祖。

薛道光：一名：式，又名：道源，字太原，嘗為僧

人，法號：紫賢，又號：毗陵禪師，尊稱
為紫賢真人，南宗三世祖。

陳　楠：字南木，號翠虛子，世稱：陳泥丸，尊稱
為翠虛真人，南宗四世祖。

白玉蟾：──→ 彭　耜：──→ 蕭了真

　　　本名：葛長庚　　字：季益　　　　字：適之

　　　　字：如晦　　　號：鶴林

　　　　號：白叟　　　封：鶴林真人

　　　又號：海瓊子　雲外子　海南翁　蟾庵

　　　　　　武夷散人　瓊山道人　神霄散吏

　　　詔封：紫清明道真人　道號：白玉蟾

　　　　　　南宗五世祖（金丹派南宗教團創始人）

王啟道：本名：王景玄，字啟道，別號：金蟾子

元・李道純：字元素，號清庵，又號：瑩蟾子

苗太素：別號：實庵

王志道：別號：誠庵

案①金丹派南宗，師承張伯端之內丹學說，又兼行
雷法，提倡「儒釋道三教歸一」。因其宗旨與
北方王嚞所創全真教相似，故後人就其修煉特
點區分，稱重陽派為北宗，紫陽派為南宗。

②緣自張伯端至陳翠虛，僅為師徒間私相傳授，

並未創立宗派。於白玉蟾，才建立靖觀，組織教團，行符設醮，傳丹法與雷法，正式形成一個道派。

③南宗徒裔，尊張伯端、石泰、薛道光、陳楠、白玉蟾爲「南宗五祖」。

## 四、師　友

白玉蟾真人，幼知方外之學，無心科舉之名。有志於道學，乃棄儒從道。專思學仙，毅然就道，出家雲游，四方尋師，交游廣泛，計有：仙師、道友、隱士、弟子、分別臚著於次，以供方家查考。

（仙　師）

張伯端（987~1082）氏，宋‧天台人。少好學，熙寧間游蜀，遇劉海蟾（操），授「金液還丹火候」之訣。乃改名：用成，字平叔，號紫陽。治平間訪扶風馬處厚於河東，以所著《悟真篇》授處厚，曰：「願公流布此書」，當有會意者。元豐初趺坐而化，年九十六（臧勵龢《中國人名大辭典》頁九三三‧二）。著有《悟真篇》、《玉清金笥青華秘文金寶內煉丹訣》行世。

張伯端氏，乃丹鼎道派南宗創始人，是為：南宗一世祖，尊稱：紫陽真人。（附二圖像）

白玉蟾作〈高祖先師天台紫陽真人贊〉，曰：

元豐一皂吏，三番遭配隸。

空餘悟真篇，帶些鉛汞氣。

資料來源：《周易悟真篇圖注》
宋·張伯端撰　薛道光注
清康熙五十六（一七一七）丁酉　燕臺知妙子刊本
臺灣：國立中央圖書館臺灣分館珍藏

　　石　泰(1022~1158)氏，字得之，號杏林，又號：翠元子（亦作：翠玄子），宋・扶風人。初張紫陽真人得道於海蟾，海蟾曰：「異日有為汝脫韁解鎖者，當以此授之，餘者不許。」

　　其後紫陽三授非人，三遭禍患，誓不妄傳，乃作《悟真篇》行於世，曰「使宿有仙風道骨者讀之自悟耳」。復罹鳳州太守怒，坐鯨竄，經由邠境，會天大露，紫陽與護送者，俱飲酒村肆。遇泰，邀同席，泰問故，紫陽乃具以告，泰與邠守有故舊之好，因為之先客，紫陽獲免，德之，遂授以丹法，道成，亦作《還源篇》行世（臧勵龢《中國人名大辭典》頁二一七・一）。

　　石杏林氏，壽年一百三十六歲（歷世真仙體道通鑑）。乃南宗二世祖，尊稱：紫虛真人，又稱：還源真人。

　　白玉蟾作〈曾祖先師真一還源真人贊〉，曰：

**　　杏林驛，雪之夕，老師張，弟子石，**

**　　凜凜清風生八極，那些兒消一滴。**

　　薛道光(1078~1191)氏，一名：式、又名：道原，字太原，宋・陝府雞足山人。嘗為僧，法號：紫賢，又號：毘陵禪師。雲游長安，留開福寺，有省悟。崇寧中寓郿，遇石杏林，傳授口訣真要，乃注釋《悟真篇》，作《還丹復命篇》，暨《丹髓歌》，壽至一百十四歲尸解（臧勵龢《中國人名大辭典》頁一六七〇・三）。尊稱：紫賢真人，南宗三世祖。

　　白玉蟾作〈師祖雞足紫賢真人贊〉，曰：

**　　禿頭儉相，做盡模樣，張平叔若不再來。**

**石得之不成信向，你即是道光和尚。**

陳　楠(1110~1213)氏，字南木，號翠虛子，宋・博羅人。得太乙金丹訣，能捻土療人病，人呼為陳泥丸。後歸羅浮，能驅狐鞭龍，浮笠濟湍，顯諸神異（臧勵龢《中國人名大辭典》頁一〇九・三）。享年一〇三歲，著有《翠虛篇》、《紫庭經》，廣行於世。

陳泥丸（楠），乃南宗四世祖，尊稱：翠虛真人。

白玉蟾作〈先師翠虛泥丸真人贊〉，曰：

**惠州是生緣，嘉州是得遇。**

**漳州走落水，潭州沒去處。**

清・阮元《道光　廣東通志》（卷三二九・列傳・釋老）、劉溎年《光緒　惠州府志》（卷四四・人物志・仙釋）、陳裔虞《乾隆　博羅縣志》（人物志・仙釋）、董天功《武夷山志》（卷十八），俱載有事略。

（門　徒）

白玉蟾氏，師承金丹派南宗，諸世祖：張伯端、石泰、薛道光、陳楠等宗師衣鉢，在丹法思想的理論基礎上，有所創新而光大，被尊為南宗五世祖，亦被譽為“道教南宗正流：丹鼎派最傑出的天才”。

白玉蟾氏，嚴謹而勤勉地修煉丹法與雷法，形成完整性修煉金丹為主的理論體系，打破諸宗師「單人口授密傳」的傳統，採行新的理念與方式，建立教團，設置靖觀，訂制教規，廣收門徒，創立小規模的教團，而建立南宗的組織形式。在丹法與雷法併傳中，對於道教產生新的觀念，亦發揮其重要作用。

　　白玉蟾氏，由於攝取諸宗師的精髓，而集其大成。是以聲名日隆，其門徒亦最眾，分別著述如次：

　　彭　耜，字季益，號鶴林，閩縣人。世居三山，官宦人家，曾應進士試及第，步入仕途。然遇玉蟾之後，「自中銓吏，恬不問仕。」事海瓊先生白玉蟾，得太乙刀圭火符之傳，九鼎金鉛砂汞之書，紫霄嘯命風霆之文（參見〈鶴林賦〉、〈題天慶觀〉詩）。白玉蟾嘗坦言「謂於耜，乃仙家父子也。」於是顯見，蟾與耜親近而密切的關係，亦說明彭耜於蟾的重要性，暨特殊的地位耶。

　　彭　耜與妻潘蕊珠居士，隱居閩縣東鳳丘山，夫婦共同烹煉丹鼎，後亦一起尸解，詔封：鶴林真人。著有《道德真經集注》（十八卷）、《道德真經集注釋文》（一卷）、《道德真經集注雜說》（二卷）、《海瓊白真人語錄》（四卷）行世（於《正統道藏》收錄）。

　　留元長，字子善，號紫元子。白玉蟾在〈鶴林賦〉後敘云：「紫元與玉蟾同師，事於翠虛泥丸先生，乃兄弟之列也。鶴林乃玉蟾之徒，嗣道之子也。」

　　留元長（紫元），既與玉蟾為陳泥丸的同門兄弟，同時又是玉蟾門下弟子。於是顯見，在白玉蟾諸多弟子中，留元長（紫元）的特殊地位與關係焉。

　　陳守默，號刀圭子，原係太平興國宮道士。

　　詹繼瑞，號紫芝子，亦係太平興國宮道士。

　　陳如一，原係太平興國宮道士。

　　趙牧夫，號紫璃子，或曰紫瓊。

　　王景溢，號玉華子。

葉古熙，號煙壺子，煙霞、紫煙。

洪知常，字明道，號真靜子，自稱：坎離子，亦係盧山太平興國宮道士。

陳知白，亦係盧山太平興國宮道士。

王景玄，字啟道，號金蟾子，亦係太平興國宮道士。

方碧虛，號碧虛子，亦係太平興國宮道士，著有《碧虛子親傳直指》（一卷）。

林自然，乃太平興國宮道士，著有《長春指要篇》。

桃源子，太平興國宮道士。

潘常吉，號蕊珠。

周希清，號紫華。

胡士簡，字止庵，主管玉隆萬壽宮。

羅致大，

莊致柔，

龍眉子，

廖蟾輝，

沈白蟾，

張雲友，

趙汝渠，號虛夷。

杜道樞，號憩霞子。

白玉蟾氏，諸多門徒中，亦有傑出的再傳弟子，分別著述如次，以供方家查考。

林伯謙，字紫光，係福州天慶觀管轄兼都道正，乃彭耜弟子，著有《鶴林法語》。

蕭廷芝，係彭耜弟子，著有《金丹大成集》。

　　李道純，乃王啟道弟子。字元素，號清庵，又稱：瑩蟾子。居真州長生觀，入元後自稱：全真道士。著有《中和集》六卷、《道德會元》二卷、《道德經注》、《全真集玄秘要》諸書行世。乃元初內丹大家，亦係南宗的傑出人物。

　　王慶升，乃桃源子弟子，著有《愛清子至命篇》、《三極至命筌蹄》，廣行於世。

　　周無所住，永嘉人。乃方碧虛、林自然門徒（又作：胡士簡、羅致大之弟子），著有《金丹直指》行世。

　　此外，白玉蟾氏，同門道友，亦就是陳泥丸（翠虛之門）弟子，計有：鞠九思、沙道昭、白玉蟾，皆心傳口授，其高弟也。然卿希泰《中國道教史》所載，略有不同，沙道昭作「沙道彰」，並增加「黃天谷」一人，分別著述如次，以供方家查考。

　　鞠九思，號九霞，自稱：九霞子，人稱：鞠君子。

　　沙道昭，亦作：沙道彰或沙道照，號蟄虛子。

　　黃元谷，名春伯，天谷為其號也。

　　白玉蟾氏，南宋寧宗嘉定十六年(1223)癸未仲秋之朔，偕黃天谷，道盱而渝舟中，作〈盱江舟中聯句〉。

　　留元長，字紫元，號紫元子。

　　白玉蟾在〈鶴林賦〉，後敘云：「紫元與玉蟾同師，事於翠虛泥丸先生，乃兄弟之列也。」然後世所作《道教史》，幾乎都將留元長，列為白玉蟾之弟子。

　　朱　橘，號翠陽，小名：橘子，人稱：橘嬰兒。淮西安慶人。師鞠九霞，遂以心傳口訣付之，令往皖公山築

室，依法修煉有成，尸解博羅縣衙前，時宋理宗淳祐六年
(1246)丙午歲十一月十三日也（羅浮山志會編）。

## 白玉蟾師承傳授簡表

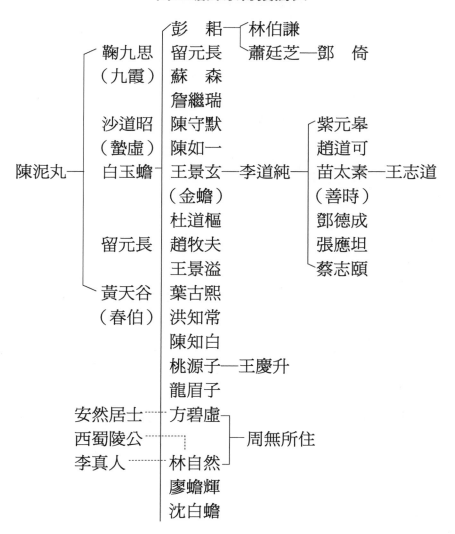

潘常吉
周希清
胡士簡
羅致大
莊致柔
張雲友
趙汝渠
張月窗—王邦叔
談全華
潘公筠
李志常┄┄李月溪—金志陽
（全真道）　鄭洞真（號黃茅道士）
（道　友）

　　白玉蟾氏，有志於道，專心學仙。常于黎母山中遇異人，授以洞玄雷法。養真於松林嶺，長游方外，得翠虛陳泥丸之術（清・王　贄修《康熙　瓊山縣志》卷九・仙釋）。

　　白玉蟾氏，雲游四方，於羅浮、霍童、廬山、武夷、龍虎、天台、金華諸名山間。尤其是武夷山，對白玉蟾來說，更具有深邃的意義。

　　白玉蟾氏，在武夷山修煉、游玩，甚至得道。是以在武夷山，乃為停留最久的地方，於道友交游，亦有親蜜的關係。分別著述如次，以供方家查考。

　　黃季長，武夷道士。曾游俠於高山曠野，巧遇異人，獲授專治癰疽的奇方。療程毋須煨煎，不用針灸，亦莫必

動手術，祇是用藥物從內部根除，再用藥敷在體外瘡口，就使患者軀體重新復原，療效神奇特佳。白玉蟾喻為上古神醫：俞跗、扁鵲，乃樂於救人的道長。

　案：①俞　跗，上古・黃帝之臣，為良醫，療疾不以湯液醴灑，割皮解肌，湔浣腸胃，漱滌五臟，練精易形（臧勵龢《中國人名大辭典》頁六三〇・一）。

　　　②扁　鵲，姓秦、名越人，家於盧醫，戰國・鄭人。少時為人舍長，遇長桑君（精於醫），傳其術，盡知五臟癥結，名聞天下。秦太醫令李醯知技不如，使人刺殺之。所著《難經》，其文辨析精微，詞旨簡遠，讀者不能遽曉，歷代醫家多有註釋（漢・司馬遷《史記》卷一〇五，有傳）。

陳丹樞，乃一修道者，年已耄耋，漆髮童顏，身無一物，只有破道袍一件。在武夷山建「雲窩庵」，吟唱於山林中，自得其樂。

劉妙清，女道士，乃陳丹樞弟子。於年輕時，不幸流落風塵，頓然悔悟，看破紅塵，洗淨鉛華，山野出家。於雲窩庵旁，建棘隱草房，以隱身棘中，祈解脫繁華，求修煉養生。然內心憂傷，演化成憤懣，難逃其劫運，於武夷山，投九曲溪，了結餘生，誠為婉惜矣！

白玉蟾氏，對陳丹樞師徒，甘於貧淡修行，極為尊重敬佩，曾作〈雲窩記〉、〈棘隱記〉，以誌其事。

陳洪範，字天錫，道號：造齋，住在武夷山沖祐觀。

其風神骨範，體態健羨，生活閑暇，閉門謝客，不交俗人，愛好琴書，偏有橘癖，酷嗜橘林，又多種橘焉！

白玉蟾氏，與陳天錫友好，時撫琴長歌，喝酒吟談。并請玉蟾為文，闡發橘隱之意。白玉蟾作〈橘隱記〉（滿懷仙意，文采殊美）末云：

**…橘成林，橘成林，一畝白雲空翠深。**

**空翠深中有仙翁，抱一琴，夫誰知此心！**

蘇　森，乃武夷山沖祐觀主管，眉山人，亦係蘇轍之後人。於南宋寧宗嘉泰年(1201~1204)間，曾任筠陽牧，逮作衡陽侯，無心於仕，請求歸隱武夷，准以朝請郎致仕（正七品），自號：懶翁。

懶翁，不與俗交，不與人語，翁之身前，乃一老禪也。既見武夷，白玉蟾遂喜而終日與語，喜作〈孃翁齋賦〉，於〈呈孃翁六首〉（敘述懶翁形象及其欣賞），其五云：　　**醉時枕上化蝶，睡起筆下生蛇。**

**日長心下無事，饑來只是飡霞。**

（隱　士）

詹琰夫，字美中，崇安人。隱士，乃官宦世家，胸懷磊落，英傑之人。忽白玉蟾自廣閩至，有披榛誅茅意，適契美中素願，從而搜訪止止庵之地也。

闢幾百年不踐之苔，劚三五里延蔓之草。於是乎，得其地焉。南宋寧宗嘉定九年(1216)丙子春月，始鳩工開創之。未幾，玉蟾從遊天台鴈蕩，比言旋而庵已成。

美中固欲挽之，以為三李隱居之繼。玉蟾曰：庵成，皆子之餘財餘力也。今但擇其道寧心耐志守素樂靜者居

之，使其開墾數時花木繁盛，予此去羅浮入室，回必永身以住持之。美中曰然，則先生既去也，寧為我記此庵，而盟他日之再來乎！玉蟾曰唯，……予特止止之輩也，今記此庵（參見〈止止庵記〉全文，載於《宋白真人玉蟾全集》卷之一／記・頁八九～九〇）之人，……

# 五、修　煉

夫「修煉」者，係泛指道家「修煉仙丹」而言。更具體地說，就是「修仙」等級，暨「煉丹」方術，以期達到「成仙飛升」與「濟世度人」的最高境界！

白玉蟾真人，師承陳泥丸，授「金丹火候訣」，傳「修仙」（天仙、水仙、地仙）三等級，暨「煉丹」（上品、中品、下品）三丹法（於《修仙辨惑論》載）。於羅浮山，勤修苦煉九載，盡得其道（內煉成丹：刃火不傷，外用成法：驅魔祛瘴）矣。

## ㈠、金　丹

金丹，或亦稱：內丹，亦就是陳楠（翠虛）所言之「上品丹法」，修煉成功，便可成為"天仙"。張伯端（紫陽真人），亦持其說：「學仙須是學天仙，惟有金丹最的端。」（張伯端《悟真篇淺解》王沐淺解）天仙，形神俱妙，與道合真，聚則成形，散則成氣。金丹，係指金液大還丹。古人認為：金是藥母，金吐其液，復回丹田，稱為金液還丹。

　　白玉蟾氏，修煉金丹歷程，於〈謝仙師寄書詞〉云：「……說刀圭於癸酉秋月之夕，盡歸於乙亥春雨之天。終身懷大寶於杳冥，永劫守玄珠之清靜。……」（末署：大宋丙子閏七月二十四日，鶴奴白玉蟾焚香稽首再拜。）

　　案：①癸酉，係宋寧宗嘉定六年(1213)歲次癸酉，白玉蟾時年八十歲。

　　　　②乙亥，係宋寧宗嘉定八年(1215)歲次乙亥，白玉蟾時八十二歲。

　　　　③大宋丙子閏七月，係宋寧宗嘉定九年(1216)丙子閏七月二十四日作，時白玉蟾已八十三歲。於是〈謝仙師寄書詞〉中，有「……幾近桑榆之年，老頻猶紅，……」之句，似亦合情合理。

　　白玉蟾真人，又云：「……謂夫修煉金丹之旨，採藥物於不動之中，行火候於無為之內，以神氣之所沐浴，以形神之所配匹。然後知心中有無限藥材，而身中自有無限火符，如是而悟之為丹，如是而修之謂道。……煉形以養神，明心以合道，皆一意也。……」（於〈謝張紫陽書〉載）由是窺之，似無實在而有形之藥物的存在，其修煉似乎亦是在體內而完成之。

　　內丹亦稱金丹，就是以人身體為爐鼎，精、氣、神為藥物，經一定時程的修養鍛鍊，以神運煉精、氣，達到三位一體，凝集成丹，稱為「聖胎」。於白玉蟾認知，陰丹、陽丹，亦統稱內丹。丹就是心，心就是神。陽神稱為陽丹，陰神稱為陰丹。

白玉蟾真人，於羅浮山修行，又以順應自然的方式，應用在修煉中，誠如：〈水調歌頭〉（其七）云：

> 有一修行法，不用問師傳。教君只是，飢來喫飯困來眠。何必移精運炁，也莫行功打坐，但去淨心田。終日無思慮，便是活神仙。不懚癡，不狡詐，不風顛。隨緣飲啄，算來命也付天。萬事不由計較，造物主張得好，凡百任天然，世味只如此，拼做幾千年。

其八，又云：

> 一箇清閑客，無事掛心頭。包巾紙襖，單瓢隻笠自逍遙。只把隨身風月，便做自家受用，此外復何求？倒指兩三載，行過百來州。百來州，雲渺渺，水悠悠。水流雲散，於今幾度蓼花秋！一任烏飛兔走，我亦不知寒暑，萬事總休休。問我金丹訣，石女跨金牛。

金丹派南宗，代代相承，支脈清晰。然白玉蟾於〈快活歌〉中，提示一條較複雜的傳承路線，曰：

> ……大道三十有二傳，傳到天台張悟真。
>
> 　四傳復至白玉蟾，眼空四海嗟無人。……

白玉蟾認為，南宗傳法世系，在張伯端之前，傳有三十二代。於作〈歷代天師贊〉，計三十二代天師，恰與張伯端之前，內丹南宗傳法世系相同，可作比較研究參考。

白玉蟾作〈題張紫陽、薛紫賢真人像〉，於南宗傳法體系，事關重大。其文，曰：

> 昔李亞以金汞刀圭火符之訣，傳之鍾離權。權以

是傳呂巖叟，巖叟以是傳之劉海蟾。劉傳之張伯端，張於難中感杏林，石泰之德因以傳之。泰，邠州人也。事成，游毗陵，授之於蜀僧道光。光之門，有行者道楠，號爲陳泥丸，即先師也。偶緣道過太平宮，覩壁間張平叔、僧道光之像，感前賢之已蛻，嗟塵世之不仙，思鸞鶴之未來，對江山而無味。

張乃紫陽眞人，太微第四星也。道光姓薛，號爲紫賢。石公乃翠元先生，先師則翠虛眞人也。海南白玉蟾，因訪知宮蔡長卿，於是乎書。

白玉蟾氏，對內丹南宗法系，提示其清晰的傳承支脈源流，暨釐勒其世代傳法系譜圖，並囑示諸徒眾牢記在心，如次：鍾離權──呂洞賓──劉海蟾──張伯端────石杏林──薛道光──陳翠虛──白玉蟾

（戒　忌）

三尸，係指道教的三尸蟲。三尸流毒，則人有性命之憂，死後化作鬼魂，不能進入天庭。於是乎，道教視三尸為修煉之大忌焉。

一名：青姑，號為上尸，伐人眼，讓人泥丸空虛，顏色暗淡，皮膚褶皺，口臭齒落，鼻塞耳聾，髮禿眉薄。

二名：白姑，稱作中尸，攻人腹，讓人臟腑空虛，肺脹胃弱，肌肉萎縮，皮膚長癬，肌肉乾枯。

三名：血尸，稱作下尸，擊人腎臟，讓人精髓空虛，腰脊疼痛，腿臀麻木，腕脛痙攣，陰萎精竭，血骨乾枯。

（意　旨）

張紫陽真人，創丹道派南宗，以「性」為主，而與北宗（以命為主）不同。主性者，因服食煉養，以保嗇吾人之真性，此可稱為“自力宗”（王禕《青巖叢錄》載）。

張伯端《悟真篇》（後序）云：「夫欲免夫患者，莫若體夫至道，欲體夫至道，莫若明其本心。故心者，道之體也。道者，心之用也。」於是顯示，道之本原即是心，道乃為心之功用。無論是道或者至道，必須以明其本心而實現。於是乎哉！明其本心，具有重要性矣。

白玉蟾〈謝張紫陽書〉，亦詞簡義賅地，闡論「修心」之重要性。其文，曰：

> …嘗聞天下無二道，聖人無二心。道之大不可得而形容，若形容此道，則空寂虛無，妙湛淵默也。心之廣不可得而比喻，若比喻此心，則清靜靈明，沖和溫粹也。會萬化而歸一道，則天下皆自化，而萬物皆自如也。會百為而歸一心，則聖人自無為，而百為自無著也。推此心而與道合，此心即道也。體此道而與心會，此道即心也。道融於心，心融於道也。心外無別道，道外無別物也。

白玉蟾氏，又在〈無極圖說〉中，申明「性命」之道的極致，其文曰：

> 夫道也，性與命而已。性，無生也。命，有生也。無者，萬物之始也。有者，萬物之母也。一陰一陽之謂道，生生不窮之謂易，易即道也。……吁！萬物芸芸，各歸其根，歸根曰靜，靜曰復命。窮理盡性而至於命，則性命之道畢矣。斯可與造物

者游，而柄其終始。

性命雙修，形神俱妙，是乃內丹修煉追求之善境。白玉蟾真人，悟其真義。於〈陰陽昇降論〉，有云：

> …真息元氣，乃人身性命之根。……人能一意守之而不散，則真精自朝，元炁自聚，谷神自棲，三尸自去，九蟲自滅，此乃長生久視之道也。……莊子云：眾人之氣以喉，聖人之息以踵。踵也者，根深固蒂之道，人能屏去諸念，真息自定，身入無形，與道為一，在世長年。由是觀之，道之在身，豈不尊乎！豈不貴乎！

白玉蟾真人，於〈東樓小參文〉中，更要求摒除一切雜念，以保持心意平靜，進而保養真氣，凝神全性。曰：

> 至道在心，心即是道。……至道之要，至靜以凝其神，精思以徹其感，齋戒以應其真，慈惠以成其功，卑柔以存其誠。心無雜念，可不外走，心常歸一，意自如如，一心恬然，四大清適。……氣聚則飽，神和則煖，所以道心者氣之主，氣者形之根，形是氣之宅，神者形之真，神即性也，氣即命也。心淨則氣正，氣正則氣全，氣全則神和，神和則神凝，神凝則萬寶結矣。……

白玉蟾於〈冬至小參文〉，更具體地闡申「內丹」修煉的獨特之處，其文曰：

> 身中一寶，隱在丹田。輕如密霧，淡似飛煙。上至泥丸，下及湧泉。乍聚乍散，或方或圓。大如日輪，五色霞鮮。表裏瑩徹，左右回旋。其硬如鐵，

其軟如綿。其急如電，其緊如弦。重逾一斤，飛遍
三千。遇陰入地，逢陽昇天。……

綜而窺之，似乎互相矛盾，或者完全相反，此正是
「內丹」之獨特性。並以內丹修煉，喻為「身中夫婦，雲
雨交歡」，更妙的是把修煉的感覺，比作「如雞抱卵，暖
氣綿綿」，就好似「磁石吸鐵」般，「自然道連」矣！

白玉蟾〈酹江月〉（冬至贈胡胎仙）詞，所吟詠者，
正是南宗「精、氣、神」丹法。其詞曰：

因看斗柄運周天，頓悟神仙妙訣。一點眞陽生坎
位，點卻離宮之缺。造物無聲，水中起火，妙在虛
危穴。今年冬至，梅花依舊凝雪。先聖此日閉關，
不通來往，皆爲群生設。物物含生育意，正在子初
亥末。自古乾坤，這些離坎，日日無休歇。如今識
破，金鳥飛入蟾窟。

（要　訣）

張伯端（紫陽真人）雖主「性命雙修」，惟強調「先
修性，再修命」。然白玉蟾（紫清真人）氏，則以「修性
煉心」，融入「內丹」修煉，并明示：修煉三關，其修煉
過程，無論是從氣——神——虛，而"忘"字，極關重要
也。所謂「修煉三關」，忘形養氣，忘氣養神，忘神養
虛。氣是人體內的元陽之氣，或稱：先天之氣，乃生命之
根本。於〈谷神不死論〉云：「……神者，一身之元氣
也。……」

白玉蟾作〈玄關顯秘論〉（書授留紫元），其意「歸
根竅」與「復命關」，就是「虛無」。緣以「……虛無生

自然，自然生大道，大道生一氣，一氣分陰陽，陰陽為天地，天地生萬物，則是造化之根也。……」於是乎：「無心則與道合，有心則與道違，惟此無之一字，包諸有而無餘，生萬物而不竭。…」並引譚真人之言，「……忘形以養氣，忘氣以養神，忘神以養虛，只此忘之一字，則是無物也。……」於是，如能味此理，就於忘之一字上做工夫，則可「入大道之淵微，奪自然之妙用，立丹基於頃刻，運造化於一身也。……」

　　白玉蟾真人，雖提示「三關」修煉，惟不夠具體，致使後學徒眾，難以瞭解。於〈丹法參同十九訣〉，更系統化、簡賅地，申述完整的「煉丹」進程。

　　**採藥：收拾身心，歛藏神氣**。於「外丹」所用藥物，乃鉛汞、丹砂、水銀等礦物，然「內丹」則不同也。張伯端提示「時人要識真鉛汞，不是丹砂及水銀」。「草木金銀皆滓質，雲霞日月屬朦朧。」（王沐淺解《悟真篇淺解》頁一五）白玉蟾〈金液還丹印證圖詩〉，鉛汞詩曰：

> **鉛出白金汞產砂，丹家便把此來誇。**
> **若將金石為真藥，猶播禾麥望長麻。**
> **坎內黃男名汞祖，離宮玄女是鉛家。**
> **分明辨取真和偽，產出真鉛似馬牙。**

　　從此詩觀之，白玉蟾亦否定凡間藥物。認為「修煉」須從「身心」調適肇始，使與外物之牽連斷絕。所謂「無事於心，無心於事，內觀其心，心無其心。外觀其形，形無其形，遠觀其物，物無其物。知心無心，知形無形，知物無物。超出萬幻，確然一靈。」（見〈玄關顯秘論〉

載）是以「採藥」，乃修煉內丹之根基也。

　　**結丹：凝氣聚神，念念不動。**夫「聚神」者，就是使意念專注也。其用志不分，乃凝於神，心神寧靜而安謐，不受外界侵擾。「凝氣」者，就是調適呼吸也。於歛藏神氣之後，聚精會神，調勻呼吸，精神集中，心靜氣和，氣隨神凝，聚結一起。於是乎，守護丹田之氣，乃煉形「結丹」的關鍵所在。

　　**烹煉：金液煉形，玉符保身。**夫「玉符」者，乃純淨之「真心」也。就五行原理言之，肺屬金，肺中之液，是為金液。以純淨之真心，保養我之元神，神凝一處，寂然不動，而肺液則按人體周天運行而進入口中，進而潤澤五臟全身。是乃「靜煉」功夫，強調「神凝」不動也。

　　**固濟：忘形絕念，謂之固濟。**夫「固濟」者，就是堅固腎水心火之自然相濟也。就「忘形絕念」言之，忘形是忘記自我「客體」存在，絕念乃係淡化自我「主體」意識，促進體內之氣液自由流動，俾使腎水心火間之相濟也。

　　**武火：奮迅精神，驅除雜念。**亦就是振奮精神，驅除干擾「心神」雜念，奠定「修煉」的堅實基礎也。

　　**文火：專氣致柔，含光默照。**溫溫不絕，綿綿若存。於武煉文烹言，煉則迅猛，烹則溫和，一文一武，剛柔相濟。宇宙萬物，皆包含一種先天之物，亦就純陽之真精，亦可稱作元精。經由「文火」烹煉，可使體內的純陽之真精（元精），生生不息。

　　**沐浴：洗心滌慮，謂之沐浴。**於〈修仙辨惑論〉中，

陳泥丸告示：「以真氣薰蒸為沐浴」。白玉蟾亦於〈呈萬庵十章〉中，其五專論「沐浴」，詩云：

> 藥爐丹鼎火炎炎，六賊三尸怕令嚴。
> 無去無來無進退，不增不減不抽添。
> 愛河浪靜浮朱雀，覺海波深浸白蟾。
> 一自浴丹歸密室，太陽門下夜明簾。

又在〈金液還丹印證圖詩〉中，有〈沐浴〉詩曰：

> 煉丹本是一年功，兩月都緣要住工。
> 兔遇上元時便止，雞逢七月半為終。
> 旱蝗水潦因差過，雨順風調為適中。
> 刑德既加宜沐浴，傾危斷不到臨窮。

綜而窺之，「沐浴」實際上，就是「修煉」過程中，對於「身心」所作之調適。其旨在於蕩滌雜念，洗濯身心，以防危怠，不至於終窮也。

**丹砂：有無交入，隱顯相符。**白玉蟾於〈玄關顯秘論〉中，明言之曰：「……取青龍肝、白虎髓、赤鳳血、黑龜精，入土釜，啟熒惑，命閼伯，化成丹砂。……」於是，經系列的修煉，從無入有，無質生質，煉精將成。

**過關：果生枝上終期熟，子在胞中豈有殊。**然「果生枝上」、「子在胞中」，乃譬喻精盡化為氣，亦就是南宗丹法，所謂之煉精化氣也。

**分胎：雞能抱卵心常聽，蟬到成形殼自分。**所謂「雞抱卵」者，出自本心。「蟬成形」時，破殼自出。於是顯示，修煉至一定火候，精化為氣，於體內循流，待成熟之日，其「無形無質」之氣，自然勿需借助精之外殼，便可

突破精之形式而獨立。於是過程殊為自然，好像「雞抱卵」、「蟬破殼」（強調自然）一樣。

　　**溫養：知白守黑，神明自來。**白玉蟾〈五寶說〉云：「呂洞賓有四寶，曰：無妄，一也。不苟，二也。至誠，三也。守一，四也。」於〈陰陽昇降論〉中，亦有云：「……不若虛靜守中以養也。……」大抵是「真中有神，誠外無法」，士子或可佩參之也。

　　**防危：一念外馳，火候差失。**白玉蟾〈金液還丹印證圖詩〉（抽添）中，明示：「……修煉之士，心欲灰而志欲奮，境欲忘而功欲勤，精專運用，警戒抽添，勿使纖毫違謬，免致傾危殃咎也。……」於是修煉過程，必須專心謹慎，若稍有差失，則全盤皆沒。防範之道無他，唯有「持心內觀，一念不散」而已矣。

　　**工夫：朝收暮採，日煉時烹。**於〈武夷升堂〉中，有一段對話，正是說明「丹法」陰陽消長之時序。

　　　　雪巖，復問曰：「前弦後弦，金數水數，二八十六，為一斤藥，何方採取，何地烹煉？」

　　　　白玉蟾，答云：「前弦金數，後弦水數，採得一斤烹一斤。」

　　白玉蟾〈金液還丹印證圖詩〉（和合法象），詩曰：
　　　　**二八清源正一斤，休言等分是均平。**
　　　　**不知和合陰陽處，更要參詳子午辰。**
　　　　**申上見元當用巳，亥支出處必尋寅。**
　　　　**遇相合處成三五，和作中黃產至真。**
　　海瓊子，注曰：「……至人知時採取，候其經罷符

至，水源至清之際，採此太極初分之炁，龍虎始媾之精，以為大丹之基，即“烏肝八兩兔髓半斤”之謂也。……」

又於〈採取詩〉，注曰：「……夫採取之妙，待彼一陽初動之時，鼓動乾坤之橐籥，拒開離坎之樞機，運真水於天河，焚真火於髓海，循刻漏而森羅萬象，駕河車而直透三關。……」

於是顯示，採取有一定的時間限制。顯然，此時間，並非固定而不變，必需根據不同情況而調整。

**交媾：念念相續，同成一片。**夫「交媾」者，係一種形象的倫比。事實上，就是「心中意」與「腎中精」之交融，最終不分彼此，實現完全融合也。

**大還：對景無心，晝夜如一。**白玉蟾〈快活歌〉（二首）中，有云：「……忘形養氣乃金液，對景無心是大還。……」於是顯示，修持之時，必須莫受外界之影響。此「外界」是人或是物，或者就是“景”。若「修持」達到對景而“心念”不動，就可臻於“大還”之境界。

**聖胎：蟄其神於中，藏其氣於內。**於《海瓊白真君語錄》（謝顯道編錄）中，彭耜曾就「陰丹」、「陽丹」請益，蟾曰：

> 外丹難煉而無成，內丹易煉而有成。所謂陰丹陽丹者，即內丹也。丹者心也，心者神也。陽神謂之陽丹，陰神謂之陰丹，其實皆內丹也。脫胎換骨，身外有身，聚則成形，散則成氣，此陽神也。一念清靈，魂識未散，如夢如影，其類乎鬼，此陰神也。

　　由於外界變化莫測，然"神"蟄伏於中而不動，"氣"藏於內而不洩，是以保養"元神"，珍藏"精氣"，最終結成"聖胎"。夫「聖胎」者，亦就是陽神也。

　　**九轉：火候足時，嬰兒自現。**於〈萬法歸一歌〉云：「……汞龍鉛虎憑火候，三千刻內結嬰兒。……」又〈駐雲堂記〉中，亦云：「……所謂乾坤坎離者，即天地日月也。喻之為丁公黃婆，名之為嬰兒姹女，假之為黃芽白雲，不過陰陽二字。」夫「嬰兒」者，即「聖胎」之化外也。喻言之，亦就是修煉而成的陽神。

　　**換鼎：子又生孫，千百億化。**白玉蟾於〈冬至小參文〉中，有云：「……移爐換鼎，以子生孫，得道尸解，陸地神仙。……」然「換鼎」之義，仍未明確也。於〈修仙辨惑論〉中，陳泥丸明告玉蟾煉丹之要，「以移神為換鼎」，或許就是此意耶。

　　**太極：形神俱妙，與道合真。**白玉蟾在〈萬法歸一歌〉曰：「……多少老儒學周易，豈知太極歸無極？……」於〈鉤鎖連環經〉亦云：「金丹即是汞，汞即是鉛。……兩儀即太極，太極即太上。……無終即元始，元始即一氣，一氣即虛空，虛空即虛無，虛無即混沌，混沌即金丹。」

　　於是相互參證窺之，所謂「太極」，就是「虛無」。鉤鎖連環，顧名思義，起於金丹，迄於金丹，無限循環。從「金丹」，亦可推「虛無」之義。

　　綜而言之，從「採藥」至「太極」，就是丹鼎派南宗之內丹功法。於整體「修煉」過程，步驟清晰，法則簡賅，不抱泥於道教「煉丹」繁瑣的年月時辰、卦爻斤兩之約束，由於體系完整，而修煉者更容易控制。緣自始至終，大都將心與神，放置於重要地位，特別是重視「修心」與「煉神」也。

　　白玉蟾真人，更詞簡意賅，傳授「六要」口訣：

　　　　火候不明，白雪不騰，藥物不精，神丹不靈，配合不明，偏枯不成。

　　　　　　一要：識，藥物。

　　　　　　二要：和，鼎器。

　　　　　　三要：明，火候。

　　　　　　四要：曉，滴符。

　　　　　　五要：測，變吉凶。

　　　　　　六要：變，陰陽之進退。窮，鉛汞之玄微。

　　六要具明，方纔下手。修煉者，不可不知。

## (二)、雷　法

　　南宗修習「雷法」，緣自四世祖陳楠（泥丸）肇始，陳楠（翠虛真人）以「雷法」傳授白玉蟾真人。是以金丹為體，雷法為用，乃陳楠、白玉蟾師徒「修行傳法」之共同特色。由於體與用，輕重自然分明，然白玉蟾亦極重視雷法。對白玉蟾來說，雷法係同「上天」溝通之媒介（橋樑）。同時，雷法係來自神霄，其實神霄，似亦可解白玉蟾之神秘身世也。

（淵　源）

　　白玉蟾與雷法的淵源，始自童年於海南，最早見到萬壽宮，亦就是神霄玉清萬壽宮。其宮之修建，乃是奉宋徽宗（趙佶）「神霄玉清萬壽宮詔」之命。

　　神霄派，乃是「雷法」的派別，亦是道教的分支。其傳行法術，是自稱出於天上「神霄玉清府」的神霄雷法也。於「神霄雷法」之主要相關人物，分著如次：

　　王文卿(1093~1153)，字予道，或作：述道，號沖和子，江西南豐人。乃「神霄雷法」主要創始人，被封為「沖虛通妙先生」。

　　白玉蟾作〈沖虛侍宸王文卿像贊〉，曰：

**醉持鐵石叫風雷，玉帝綸言召兩回。**

**到得人間無鬼蜮，依然長嘯入西臺。**

　　據說，王文卿於年輕時，在揚子江遇汪火師，傳授「飛神竭帝」法術。後又在清真洞天，得一老婦的傳授，學「呼喝風雨」法術，并經汪真君（火師）指點，學得「役使風雷，呼風喚雨」方術。

　　汪火師(714~789)，尊稱：汪真君，本名：汪子華，蔡州汝陽縣（今河南）人。原係一介儒生，才思學藝不錯，但是屢試莫第，於是放棄儒學，專心學習道法。其轉益多師，在諸從師中，具特別本領者有之，本事平庸者亦有之，然汪真君還是認真學習，於己所無者。在唐德宗貞元五年(789)己巳，修煉成功，飛升九重天，或者說「九霄」，而最高一層，就是「神霄」，亦就是神仙居住的地方——最高仙境。

　　據傳說，汪真君於飛升三百年之後，又降臨人世，以「雷法」傳授王文卿云云。

　　林靈素，宋‧溫州永嘉人。少從浮屠學，苦其師笞罵，去為道士。善妖幻，以方術得幸徽宗，賜號：玄妙先生（一作：封為通真達靈先生）。惑眾僭妄，眾皆怨之。宣和初都城暴水，遣靈素厭勝，方率其徒步虛城上，役夫爭舉梃擊之，走而免。在京四年，恣橫不悛，斥還故里死（臧勵龢《中國人名大辭典》頁五九一‧三），追封：妙濟真人。

　　白玉蟾作〈天師侍宸追封妙濟真人林靈素像贊〉，曰：

**大宋天師林侍宸，飛罡躡紀召風霆。**

**四十五年人事足，中秋歸去月三更。**

　　林靈素，原是東華派道士，略通雷法。後被薦給宋徽宗，為迎合上意，說徽宗皇帝，就是神霄玉清真王降世。神霄玉清真王，乃元始天王之子，號稱：南極長生大帝，或者：扶桑日宮大帝，為神霄萬雷總司。徽宗本是神霄府之最高統治者，由於要解救人間疾苦，而降世成為人君。於是徽宗皇帝，就同時具有「天上」與「人間」之雙重身分，成為二者最高主宰者。其身邊大臣及后妃，亦都是「天廷」神祇。徽宗皇帝甚喜，封為通真達靈先生。

　　林靈素多行不義，招致禍患，神霄雷法亦被牽累。高宗皇帝，曾詔令沒收林靈素家產，罷黜全國神霄宮，甚致沒收神霄宮中錢糧（安華濤《孤鶴駕天風——南宗五祖白玉蟾》頁一六〇）。

　　神霄雷法，在東南地區，仍相當盛行。由於王文卿看

破紅塵，隱居鄉里，不與道人及達官貴人結交。然仍傳授弟子，多為家居者。諸如：新城高子羽，傳授臨江徐次舉，再到金溪聶天錫，其後得其真傳，而聲名顯赫者，則是臨川譚悟真，時人不敢直呼名號，只稱：譚五雷。

陳楠（四世祖）之雷法，并非師承王文卿。玉蟾云：乃狼牙猛吏雷部判官辛漢臣，授予先師陳泥丸。更具體地說，就是南宋寧宗嘉定元年(1208)戊辰，陳楠至黎母山游玩，遇一道士。并對陳楠笑說：「你雖學會薛道光的太乙火符之旨，惟不知太乙雷霆之法，亦很可惜！」陳楠恐懼能力不足，不敢貪多，就對道人曰：「我僅是仰慕道法而已，并不打算學習太多，反而讓自己心志分散。」

道人并不認同陳楠說法，笑說：「你真愚笨啊！只是自己修身，不能讓世間之人與物受益，神仙亦不會如是做法。於是，張正一在西川地區驅鬼，許遜斬殺大蛇，施捨靈藥，皆為民謀福，從古至今，都在傳頌。」陳楠聽其說，深感有道理，於是稽首行禮，云：「我一貧如洗，沒甚見面禮。」道人點頭說：「遇有合適者就傳授，還講甚麼有利有用呢？你如果能奉行，讓廣大百姓獲得實惠，亦算是我有些功勞。」

道人引領陳楠至一塊岩石下，打開一石穴，取出《都天大雷法》（一冊），交給陳楠，說：「內有五雷不能輕易使用，原始天尊每遇劫運時，就命令五雷下凡，使世間免遭劫難。古時陰六屬於水，堯有九年災難，就事先命三山雷火君，降生在鯀家，亦就是禹。火伯風霆君降世為后稷，教民播種五穀。你應妥善保有它，他日有劫難就可借

此解脫。」

　　陳楠連連點頭，仔細記下。道人臨走，說：我不是凡人，我是雷部都督辛忠義。我師汪火師親自傳授，現在交給你。」（白玉蟾〈翠虛陳真人得法記〉，見《道法會元》卷一○八）。於是顯示，陳楠（泥丸）所傳行者，亦是神霄雷法。於南宋寧宗嘉定五年(1212)壬申，陳翠虛（楠）真人，以「太乙雷霆」之法，傳授白玉蟾（紫清）真人。

　　白玉蟾真人，於丹道派南宗來說，乃是一位承先啟後的關鍵性人物，被尊稱為“南宗五世祖”。然以傳行內丹為主，兼傳神霄系雷法的符籙教派。并廣收門徒，最著名的弟子，諸如：彭耜（鶴林）、留元長（紫元），……

## 南宗雷法傳授表

汪真君（汪火師）→神霄雷法道士（辛漢臣或是辛忠義）────→陳翠虛真人────→

白玉蟾真人────→彭鶴林真人…………

　　案：①辛漢臣，狼牙猛吏、雷部判官。

　　②辛忠義，自稱：雷部都督。

　　（理　念）

　　陳泥丸、白玉蟾師徒傳授的雷法，亦就是神霄雷法。係以承認在人世之外，有一個獨立的世界存在為前提，此獨立世界高高在上，統治人間。神霄世界，有一個最高的統治者：高上神霄玉清真王長生大帝。白玉蟾〈傳度謝恩表文〉，就是上呈「玉清真王」。

　　神霄玉府，就是玉清真王統治地方。白玉蟾《九天應元雷聲普化天尊玉樞寶經集註》中，明確釋示：

　　　　玉霄一府，所統三十六天內院中司、東西華臺、玄館妙閣、四府六院及諸有司。

　　白玉蟾，註曰：

　　　　天中有五殿，……又有太一內院、可韓中司、東西二臺、四曹四局，外有大梵紫微之閣，仙都火雷之館，皆有玉府。

　　　　高上神霄天中玉清真王府，居三十六天之上。……真仙真伯、卿監侍震，……雷神官君將吏，上統三十六天。……下鎮三十六壘，每方有九陽梵炁，以應一年三十六炁。……

　　　　四府者，九霄玉清府，東極青玄府，九天應元府，洞淵玉府。六院者，太一內院，玉樞院，五雷院，斗樞院、氐陽院，仙都火雷院。諸有司者，天部霆司，蓬萊都水司，太一雷霆司，北帝雷霆司，北斗征伐司、北斗防衛司，玉府雷霆九司及諸曹院子司。……

　　白玉蟾，又註曰：

　　　　神霄玉府，在碧霄梵炁之中，去雷城二千三百里。雷城高八十一丈，左有玉樞五雷使院，右有玉府五雷使院。天有四方，四隅分為九霄，惟此一霄居於梵炁之中。在心曰神，故曰神霄，乃真王按治之所，天尊臨莅之都。……」

　　綜而窺之，是乃一個相當規律而完整的神仙機制，組

織嚴密，層層管束，各盡其職。於實際上，係按五行的原理設置。於是顯示，白玉蟾為世人勾勒出一個莊嚴的「上界神仙」統治模式。

就「神霄雷法」言之，在白玉蟾之前，就已非常的成熟。陳泥丸以雷法傳授玉蟾，於理論上，玉蟾更簡賅的闡釋。白玉蟾《雷府奏事議勳丹章》云：「……臣聞陰陽二炁，結而成雷。……」從本原窺之，雷亦是陰陽二氣，相互激蕩的結果。於是乎，乃秉承其自遠古以來，相關於雷的理念耶。

白玉蟾《玄珠歌註》中，對於「五雷」的解釋：五雷者，金、木、水、火、土，在人乃心、肝、脾、肺、腎。顯然是乃陰陽五行學說的簡單比附，并以其與人的器官相連系。於五行之間運動不息，相對應於人的五臟，亦要呼應運動。反之，人如能控制自身的五臟運動，亦可以對上天產生影響。然雷的發生原理，於人來說，膽在肝中，內有青氣。膽怒，赤氣聚五氣，運入膽宮，水火相搏，雷聲動也。膽雄肝怒，忿氣成雷，天怒大叱，雷聲霹靂。

具有其雷，尚須雲氣，方能降雨。就五行觀之，右腎屬陰、為月，左腎屬陽、為日。雲霧才起，先閉腎中日月，然後吐出，遮蔽天地。腎水、心火相搏，雷聲大作，行持之際，用雙手擦起心火，頃刻屯蒙發雷，電光現矣。風巽，方火木相克，木在東，火在南。肝怒則火發，巽風大起，可噓青氣向巽方，狂風大發。金肺水腎，運肺液灌滿腎中，方生雨露，是乃金水相生。

在這過程中，神或者說 "元神" 作用，極關重要。於

《玄珠歌注》中說：「神乃五氣之精，精存則神靈。氣乃養精，精氣神全，何法不靈。」是為詮釋天人合一論之說法。留元長（紫元）在《海瓊白真君語錄》中，曾就「神女三千六百」、「身中三萬六千神」提問，玉蟾答曰：「夫人身中有三寶，曰精氣神是也。神是主，精氣是客。……所言神女三千六百，及乎三萬六千神者，此皆精氣所化。……」并詮釋說，今人心猿意馬，沉迷酒色，眼隨色轉，耳被聲瞞。於是乎，精衰於淫，氣竭於嗔，曾不知神光外散，氣力四馳。既然精不存，豈能欲有神女三千六百乎！

白玉蟾真人，最後對留元長，綜結解釋說：「萬神一神也，萬氣一氣也，以一而生萬，攝萬而歸一，皆在我之神也。」（參見《海瓊白真君語錄》載）

白玉蟾《玄珠歌注》中，強調“元神”，亦即強調「內丹修煉」，必須要以神為主。雷法，亦是以「內丹」的修煉為基礎。於是「內煉成丹，外用成法」，這是內丹南宗對於雷法的基本態度，雷法是其實現「濟世度人」的工具。然內丹的修煉，亦就心性的修煉，通過「煉形、煉氣、煉神」三關，方能獲得成功。是時“元神”，已然上通天庭，旁鶩八方。這元神「乃自己元神，存精則氣全，存氣則神全。非紙畫泥塑之比，世人錯認者多。」又云「自己精氣神全，何施不可？向外求神，實非明理。空將酒物祭祀神明，真氣耗散，外神不靈。」如此，就把“人”的元神，提昇至最高的地位。

（神　職）

　　白玉蟾真人，師承陳楠（翠虛）傳授「太乙雷霆」之法。於後，建立新教派南宗，被尊為「南宗五世祖」。南宗是以傳行內丹為主，兼傳神霄系雷法之符籙教派，并廣收弟子，置靖建醮，組織教團，制訂戒律。

　　南宋寧宗嘉定十一年(1218)戊寅十月，白玉蟾真人，率眾弟子，上〈傳度謝恩表文〉，乞請神霄玉清真王，准其傳度授以雷部神職。除玉蟾外，其主要人員與神職，分別臚著如次，以供方家查考。

　　白玉蟾：原有神職，稱作：高上神霄玉清府雷霆令統五雷將兵提領雷霆都司鬼神公事。

　　彭　耜：上清太華丹景吏神霄玉府西臺令行仙都風雷判官。

　　留元長：上清大洞玄都三景法師太乙雷霆典者九靈飛步仙官簽書諸司法院鬼神公事。

　　林伯謙：太乙正一盟威法師允驅邪院判官南昌典者九靈飛步仙官兼管雷霆都司鬼神公事。

　　潘常吉：太上三五都功職籙神霄玉府左侍經。

　　周希清：太上三五都功職籙神霄玉府右侍經。

　　胡士簡：太上三五都功法籙弟子奉行天心正法驅邪院判官兼幹五雷使院事。

　　羅致大：太上正一盟威法師行上清混元天心五雷大法差充主管驅邪院事兼雷霆都司事。

　　陳守默：太上三五都功紫虛陽光秘籙弟子行上清北極天心正法金闕內臺鍊度典者驅邪院右判官。

　　莊致柔：太上正一盟威法師行靈寶天心玉晨五雷

大法九靈飛步仙官主管驅邪黃籙院事。

白玉蟾真人，上呈：高上神霄玉清真王長生大帝，奏請恩准，付以道法，使得「掌心握印，筆下飛符，役使風霆，區別人鬼，濟生度死，輔正除邪。……古來傳授，今故奉行，內鍊刀圭，外儲功行，體天行化，佐國救民。」於是顯示，白玉蟾正式建立「神霄雷法」體制，改變金丹派特重自修性命的理念，於完善自我的基礎上，替天行化，濟世度人。

綜而觀之，白玉蟾之重要弟子，大都被授予雷法的法職。其中：彭耜及留元長之籙位，於諸弟子中為最高者，而林伯謙則最為特殊，林乃是彭耜門徒，白玉蟾之再傳弟子，未審雷法得自白玉蟾抑是彭耜？唯可確知者，白玉蟾為首的南宗派，於是時期，組織教團，兼傳符籙，名聞宇下焉。

## （傳　行）

白玉蟾真人，於神霄雷法的驗證與傳播，根據史料紀載，計有三次，分別列著於次，以供方家查考。

彭耜〈海瓊玉蟾先生事實〉云：「……乙亥冬，武夷詹氏之居，火光墜其家，延先生拜章以禳之，已而大書一符於中庭，是夕聞戶外萬馬聲，有呼云火殃已移於延平某人之家，驗之果然，信慕益眾。……」

按"乙亥冬"，就是南宋寧宗嘉定八年(1215)，白玉蟾在武夷山，乃為最早的雷法實踐活動。其產生的效果，就是信仰與仰慕者，日益增多。於〈為武夷道眾奏名傳法謝恩青詞〉云：「……以八極煉魂而救苦，以九靈飛步而

騰章，天心有三符二印之傳，雷府有五社十變之應。……」於是顯示，傳授道教信眾者，正係雷法一類之道術耶。

白玉蟾深悉：雷霆之怒，可掌控生殺之機。於《九天應元雷聲普化天尊玉樞寶經集註》中，註曰：「雷者，乃天令也。掌生生殺殺之權，動靜人莫可測，萬神之奉行也。……」由於凡人無能揣測雷霆，故才具有神性的特點。在〈雷府奏事議勳丹章〉中云：「……夫雷霆不可掩之物，人誰不知其有雷也。雷霆者，所以彰天威，所以發道用。」於是顯示，雷霆傳達者，正是「上天」的意旨。又云：「皇天所以建雷城，設雷獄，立雷官，分雷法，布雷化，示雷刑，役雷神，統雷兵，施雷威，運雷器，是皆幹賞罰之柄，宰生殺之權。以之於陰界，可以封山破洞斬妖鹹毒。以之於陽道，可以除凶誅逆伐奸戮虐。……」於是乎哉！陰、陽二界，都在「皇天」統治之下。

然皇天或是玉皇上帝，無從直接對人間進行管理，於是將行使雷法的權力，下放給某些合適的人選，代表上天行道，驅災禳禍，考召鬼神。更具體地說，就是祈晴禱雨，召雪興雲，攝呼雷電，驅風降雹，封山破洞，伐廟除魔，誅斬蛟龍，制伏狼虎，驅禳水火，遣逐旱蝗，為民禳災，驅邪治病，行遣符命，顯現報應。果真如是，於行法者，亦算是替天行道焉。

白玉蟾真人，在宋嘉定八年(1215)十二月，上〈雷府奏事議勳丹章〉，呈赤帝真人，自稱：乃初霄典雷小吏也。上言「粗諳雷霆所典之事，忝佩雷霆所授之書，飽識

雷霆所行之法。……」夫「雷法」，是屬神霄真王，用之以宰御上天、人世與陰間三界。然名稱於各書紀述不同，諸如：五雷就有十本所載不同，未審以何為正者也。世傳三十六雷，猶可疑也。於是，白玉蟾真人，根據《丹霄景書》，以星宿與雷法連貫之，并認為：箕星掌天雷，房星掌地雷，奎星掌水雷，鬼星掌神雷，婁星掌妖雷。是創新意，方是真正的五雷。自北宋亡後，其「神霄雷法」，於民間流傳，皆以訛傳訛，混亂而迷謬，亦實所難免矣！

於《海瓊白真君語錄》云：「古無酆都法，唐末有大圓吳先生，始傳此法於世，以考召鬼神。其法中，只有八將、三符、四咒，及有酆都總錄院印。」由於後人增益，不勝繁絮，似此之類，安有正法乎？

白玉蟾與門徒，論及雷法。留元長問說，近世有靈寶法、圓通法、混元法之盛行，門類眾多，咒訣繁瑣。而於道，則不甚正一也。玉蟾答曰：「古者以正一傳教，故所行之法，簡而且易。譬如：杜鵑鳥，或曰子規，或曰謝豹，或曰白帝魂，或曰映山紅，或曰搗藥禽，或曰蜀鳥，其實一杜鵑也。」於是顯見，名稱雖不同，然三者於道法言之，亦實正一法矣。

彭耜於圓通法印，亦嘗竊疑之，曰：

　　彼之法印，內圓外方，中有五行，外有八卦，省
　　府司院，列於四方，以“靈寶圓通”四字爲宗，以
　　“混元玄祕”四字爲本，其間掇拾諸法符圖咒訣，
　　創爲一家，謂之圓通大法。先生，然之否乎？

白玉蟾真人，對是以形取義作法，亦無法認同，曰：

　　神無方，故曰圓。氣無體，故曰通。古者圓通之
　說，即是神氣混合，出入虛無，還返混沌。今若以
　形器卦數爲之，其與眞簡圓通，不亦遠乎！

　　從〈雷府奏事議勳丹章〉窺之，內有二大要旨，一為
議事，亦就是將自己意見，向赤帝真人反應，一為五雷將
吏請求獎賞。俗云：人有人道，仙有仙班。五雷，雖掌賞
罰、生殺大權，惟亦須接受天庭考核，亦係按表現升職，
平調或是降級，甚至貶下人間，那就有些流放的滋味！

　　雷法的行使權力，透過合適人選，以替天行道。然雷
法的傳人，亦須經過選擇，而且傳授雷法，還有一定的儀
式。諸如：焚香以表達對天庭的誠心，尚要飲丹泉，并且
要發誓，經由一系列程序，方能將雷法傳給此人。於傳法
完畢，還要向天庭稟報的程序，感謝天庭恩准傳法其人。

　　白玉蟾真人，於南宋寧宗嘉定八年(1215)十二月，至
嘉定九年(1216)正月之間，在武夷山沖祐觀，主持一次傳
度儀式。并作〈懺謝朱表〉、〈法曹陳過謝恩奏事朱
章〉、〈表奏法壇傳度首過謝恩朱章〉等表章，於是顯
見，此乃一套完整的傳度儀式。

　　首就懺悔來說，人非聖賢，孰能不過。道士施某於不
知不覺中，已犯多項罪責，諸如：六根招貪愛之衍，三業
致昏迷之譴，八卦有方隅之干犯，五行慮運度之變更。在
五官追魂，四府考咎，最終恐怕連命不保。然上天給人懺
悔謝罪之機，經由中介使者，虔誠地向上天懺謝，不僅可
免除各種災難，諸如：玄冥除瘟疫之孽，瑤光滅水火之
災，卻神煞土氣之侵凌，糾司命竈君之注射。酆都削籍，

嶽府除名。官符、病符、口舌符，頓然殞滅，報障、業
障、煩惱障，自此驅除。甚至降下天藥，讓世人共享上界
醫療藥丹，如「法療功曹，錫梵府六晨之藥。天醫使者，
降仙都九轉之丹。」（參見〈懺謝朱表〉全文）

　　武夷山沖祐觀道士施某（崇時）懺悔之後，亦有學習
雷法之願望，乞行傳度。首由玉蟾先對施某進行考察，審
查是否具備傳授雷法條件。其審核結果：大宋國施某命係
某生上屬某星，係天師某治某炁。施某有此身世，當可傳
授雷法。於是，謹取今月某日，虔就武夷山沖祐觀東南隅
昇真玄化洞天，修設三界高真謝恩清醮，授以蕊殿琅書，
心傳口訣（參見〈法曹陳過謝恩奏事朱章〉全文）。由此
觀之，陳過、謝恩、奏事，乃三位一體，所奏之事，就是
伏請天庭，准於某年某月，授予施某道法。

　　奏章蒙天庭恩准，於傳度（法）之日，施某焚香叩頭
詣禱，虔誠俯地發誓，白玉蟾便傳授雷法，如次：

　　傳太上九靈飛步章奏大法一階：騰神飛章，朝謁關
奏。遇事可直奏天庭，取得與神霄對話資格。

　　傳太上紫樞玉晨洞陽飛梵煉度大法一階：攝召幽尋，
行持煉度。能驅使陰界諸靈，以行持煉度，而有與下界溝
通之能力。

　　傳太上五雷大法一階：禱雨祈晴，呼風召雪，封山破
洞，伐廟除邪，斬馘蛟龍，制伏狼虎，驅除旱魃，掃蕩蝗
螟，療病禳災，賞善罰惡，盡肘步膝，行之切願。質言
之，太上五雷大法，可在人間大有作為，造福百姓焉。

　　至此，傳度流程，獲得圓滿結束（參見〈表奏法壇傳

度首過謝恩朱章〉全文）。

　　綜而窺之，白玉蟾於傳法活動中，謹奏表章三篇，所署神職，各有不同，諸如：

　　上清大洞寶籙弟子五雷三司判官知北極驅邪院事（見〈懺謝朱表〉文）。

　　上清大洞寶籙弟子五雷三司判官（見〈法曹陳過謝恩奏事朱章〉文）。

　　泰玄都正一平炁係天師清微天化炁南嶽先生赤帝真人神霄玉府五雷副使上清大洞寶籙弟子（見〈表奏法壇傳度首過謝恩朱章〉文）。

　　白玉蟾真人，於三表章中，所署「法職」各有不同，唯有一相同的法稱：上清大洞寶籙弟子。這是白玉蟾之授籙法位，亦顯示其具有最高的上清法位。道士通過授籙，提升自我的道位，最終達到一定程度，取得傳道度人的資格。在道教界高功法師，具有一定階次的法籙，方有資格主持大型齋醮儀式。上清大洞寶籙，乃法籙中之上品。

　　彭耜〈海瓊玉蟾先生事實〉云：「……丙子春，過江東，憩龍虎山。……歲旱，諸羽流誦木郎咒弗應，先生乃為改正誦之，果雨，人疑為虛靖後身。……」

　　按 "丙子春"，亦就是南宋寧宗嘉定九年(1216)春。是歲（丙子），天氣乾旱，一些道士誦〈木郎咒〉求雨，毫無應驗。白玉蟾氏，改正誦之，求雨果雨，人疑為 "虛靖" 之後身也。

　　虛靖先生，乃第三十代天師，張繼先(1092~1128)，字遵正，又字：嘉聞，號僑然子。宋徽宗時，曾四次奉召入

朝廷，以奏答策問，獲賜號：虛靖先生。還提撥款項，大修龍虎山上清宮。

白玉蟾《木郎祈雨咒》後，柳智通謹識云：

唐宋以來，皆誦木郎咒祈雨，然舊本錯誤頗多，白紫清祖師特為改正，并加註釋。誠心持誦，其感應必矣。唯咒本，世聞不多概見。壬戌秋，於道藏全書《白真人集》內，得此咒本，敬付梨棗，以公同志。尤望善信之士，廣為流布，庶幾四海永無亢旱之虞，萬姓共享豐穰之樂。其功德，豈可勝量哉！

於《木郎祈雨咒》後面，附有董仲舒《張天師祈雨科儀》節錄之〈祈雨簡便科儀〉，其中“神位”供奉：

風雲雷雨尊神之位

木郎太乙三山行雨神仙之位　　　居中

紫清白祖仙師之位

於是觀之，後世更以白玉蟾真人，作為祈雨之神仙供奉，誠亦符合事實。在《白玉蟾詩文集》中，曾有“祈雨”相關的詩歌，諸如：〈龍虎山祈雨早行有作〉：

兩三條電復無雨，六七點星微上雲。

鞭起臥龍我騎去，揮戈叱問五雷君。

又有作〈祈雨伏虎庵〉，詩云：

梵相無言旱氣奢，三農無飯欲蒸沙。

狻頭香穗成禾穗，麈尾天花化雨花。

又作〈祈雨歌〉，曰：

天地聾，日月瞽，人間亢旱不為雨。山河憔悴草

木枯，天上快活人訴苦。待吾騎鶴下扶桑，叱起倦龍與一斧。奎星以下亢陽神，縛以鐵扎送酆都。

　　驅雷公，役電母，須臾天地間。風雲自吞吐，歘火老將擅神武。一滴天上金甌水，滿空飛線若機杼。化作四天涼，掃卻天下暑。有人饒舌告人主，未幾尋問行雨仙，人在長江一聲櫓。

白玉蟾真人之外，其門徒彭耜，亦有作祈雨活動。於〈閩清縣治祈雨文字〉，前有一小序，云：

　　余方在閩清縣治祈雨文字，名之曰《大宋濟世金書》。書成，錄寄鶴林靖，未寄間，聞本靖亦閱雨詣嶽祠有禱，禱且應。諸黃冠，皆有詩以美之。余亦以寄之，併為吾法之勉云。

南宋時代，上自君王，下至百姓，每逢乾旱，必有祈雨活動。若祈雨靈驗，天降豪雨，解除旱災，風調雨順，國泰民安，亦就天下太平。彭耜在閩清縣治禱雨應驗，諸黃冠皆有詩以美之。白玉蟾真人，祈雨果降雨，必獲諸讚譽，名聲廣傳播，皇帝亦聞言，方有國醮活動。

彭耜〈海瓊玉蟾先生事實〉，又云：「……戊寅春，游西山，適降御香建醮於玉隆宮，先生避之。使者督宮門，力挽先生回，為國陞座，觀者如堵。又邀先生詣九宮山瑞慶宮主國醮，神龍見於天，具奏以聞，有旨召見，先生遁而去。……」（見《宋白真人玉蟾全集》卷之十一／附錄・頁七一七）

按"戊寅春"，亦就是南宋寧宗嘉定十一年(1218)戊寅春。醮者，係指陳設果脯酒物，以祭祀天神星宿之禮儀

也。國醮，乃國家舉行之祭祀活動。更具體的儀式。係「夜中，於星辰之下，陳設酒脯、餻餌、幣物，歷祀天皇太一，祀五星列宿。為書，如上章之儀以奏之，名之為醮。」（唐‧魏徵《隋書經籍志》卷四）。

白玉蟾真人，於戊寅歲春天，游江西西山，適降御香建醮，玉蟾有意避之。唯被使者阻在玉隆萬壽宮門口，於是情非得已，方回為國陞座，觀者眾多，水泄不通。玉蟾照國醮儀式，按部就班，有條不紊地主持，其風神氣概，深受觀眾讚賞，欽差亦殊為滿意。於是乎！西山萬壽宮與白玉蟾，相偕聞名天下矣。

白玉蟾真人，在西山萬壽宮，主持國醮活動結束後，使者又邀請，同到九宮山瑞慶宮，主持國醮祭典。緣有西山國醮的實際經驗，致使九宮山國醮進行，更是有聲又有色，於"神龍見於天"，龍是神物，現於國醮，必是大吉大利。使者"具奏以聞"，龍顏大悅，寧宗皇帝，"有旨召見"，先生遁而去耶！

緣自南宋寧宗嘉定八年(1215)，至嘉定十一年(1218)間，白玉蟾真人，先後曾主持兩次重要的傳法活動，暨兩次大型的國醮儀式，更是有聲有色。不僅是驚天動地，震撼鬼神，亦獲得群眾讚美，龍顏喜悅，寧宗皇帝，有旨召見，然婉謝而遁去！

## ㈢、規　律

俗云：無規矩不成方圓，道教雖以清淨為宗旨，然道教要求發展，就必需廣收徒眾，拓大組織規模。於是乎！

就難免魚龍混雜，間有少數不受清規戒律之徒。致制定相
關道規律條，就有所必要者也。

　　白玉蟾真人，於"堂"之傳法方式理念，認為相對於
堂來說，道是根本，從古有之，乃萬物之祖，萬法之宗。
堂自近興，非一日之功，一人之力。此乃延賢之舉，豈容
敗教之徒玷污。於是"不惟道眾生嫌，且被俗人厭賤"。
在〈道堂戒論文〉中，坦云：

　　　　既掌教，即當闡教而知堂務。要升堂，先明正己
　　　之方，以作律人之法。汰去冗頑之輩，劃除老病之
　　　徒。不惟飽食無庸，抑又醉顛作鬧，口裏盡無規之
　　　語，胸中皆不檢之謀。七尺堂堂，自是凶徒之惡
　　　少。三餐閴閴，只多游手之奸雄。……

　　白玉蟾〈道堂戒論文〉中，明確釋示：一是堂主或是
掌教者，應當闡明教規堂律，禁止事項。而且作為堂主或
領導人，更要以身作則，為人表率。二是祛除教或堂內，
那些"冗頑之輩"，"老病之徒"。由於飽食終日，無所
事事，尚且醉顛作鬧，口無遮攔，形象惡劣，故而影響深
遠。於是乎哉！從"管理"角度來說，我亦思爾牧羊去敗
群。換言之，亦就是先要除掉內中"敗群之羊"矣。

　　白玉蟾真人，更比較古人與今人之差異：向來前輩，
皆千辛萬苦以成真。今者後生，惟雜工異術以從事。是乃
兩種完全不同態度，亦是當時普遍存在問題。然而道士是
人，亦有"好色貪財"之念，若以嚴肅的道堂規律，使其
產生"樂天知命之心"，修煉道業，結就丹砂。

　　就道與法之關聯性來說，白玉蟾真人認知：虛無者，

生於天地之前，混沌未開之始，由於不可得而名者，不得已稱之為道。從道，衍生度化別人之法。法可以參悟天地玄機，亦可認清鬼神道理，亦可輔助國家、安定庶民。濟生度死，本是從道衍生。於是乎！道離不開法，法離不開道，道法相互一致，就可濟世度人。然近者學法之人，不窮究道之本源，只知逐求參悟符咒。

白玉蟾真人，面對如此情況，以多年修煉經驗，歸結提示最重要者，亦就是"道法"九要，傳授予門人徒眾，期待從中獲取啟示，從今努力下功夫，管取他日成道果，倘能如是，顧不偉哉！①

一要**立身**：有幸降生為人，理當天天焚香，以皈依道祖。首先要認清以前罪孽，祈禱自己可以自新。更要廣閱各種文獻，尤以道家經典，徹底清除害人之心，建立好生救人信念。全心向善，辨清真相，香火要虔誠盡心。孝敬父母，尊重貴人長者。行為要端正莊重，儀表要嚴肅。毋生邪惡淫蕩之念，亦勿在煙花柳巷游樂，不到殺戮現場，不去停放尸體與骯髒事物之所。是為清心寡慾，亦遠離惡黨。其實，立身之始，就應尋師訪道，求教高人。剛始修煉，亦當遵循也。

二要**求師**：先要自身立正，然後方可求師。只有遇真師，方可以皈依。求師，首要瞭解師父，確有精妙法理，師承淵源清澈，經長期真切揣察，方表達恭敬心願。次要準備信香，對天地盟誓，還要歃血為盟，師父方能傳授秘

---

注①安華濤《孤鶴駕天風－南宗五祖白玉蟾》，頁一五五～一五八。

訣。雖得師父真傳，亦不能即刻離棄師父，應跟隨在師父身邊，深切領悟口訣玄奧，自然行使便會靈驗。

　　古之師祖，亦有眾多徒弟皈依，師父亦要考察徒弟，若心術不正、不夠誠實、忤逆不從，或有疾病者，皆不傳授。當然，小吏府曹獄卒，以及開始勤勞慢慢懶惰者，亦不會傳授。然內中定有師徒：心志相同，氣味相投，情投意合，幸得師父傳授，亦要用慚愧之心對待。若有一天師父探測門徒，用一些較為難做的事為難弟子，或是刻意不答應弟子的請求，弟子亦切莫懷恨在心，否則難成大器。況且若怨恨師父，上天亦會怪罪，遲早會有報應。

　　誠如：漢代張良（字：子房，晚好黃老，學神仙辟穀之術）三次在圮橋下，替黃石公拾鞋穿上，黃石公見其有誠心，就傳授其素書（太公兵法），張良後成為帝王師（封：留侯，諡：文成，以功名終）。若要求師，必須深明這一道理。道法修煉，師父要始終如一，弟子亦要始終如一，於是自然無魔。弟子求師容易，師求弟子極難，確實有哲理耶。

　　三要守分：何謂“守分”，人生於天地間，各有各福分，大都是命中注定，必須要遵守，要時時反省，常有慚愧之心，而不能生貪念。富人自富，窮人自窮，都是幾世累積，不要心懷嫉妒。修道之人，只要求得溫飽就足矣。

　　若是不守本分，想從外邊求得好處，禍患馬上亦就來臨。顏回的生活態度，學道之人值得效法。若因外求而道修不成，法亦就不靈驗。如能安分守己，法亦就自然在其中焉。

　　四要**持戒**：行持，就是按照道法要求施行，按照禁戒持守。學道要先學受戒持齋，神明自然輔佐。白玉蟾真人，給眾徒弟講個故事：當年，薩真人火燒獰神廟，廟裡惡神，暗地跟隨十二年，惟真人並無絲毫犯戒，惡神就皈降為輔將。若真人稍微犯戒，惡神必會報仇。今人學習的榜樣，是許遜真人（布德施仁，濟貧救苦）。

　　一次，有一家人來告訴他家裡有人患病，許真君仔細詢問，知係貧窮的緣故。就把錢包放在符牒裡面，并告訴來人說：「把這符交給患者打開。」回到家，患者打開符牒，看到錢，正好來救急，病亦就全愈矣。

　　五要**明道**：道可超凡入聖，福資九祖，亦可在無礙之鄉逍遙，於有玄之境逸樂，而且道聚則成形，散則為風，是乃虛無的無上妙道。要想達到如是境界，就要先修人道，祛除忘想，滅盡六識，通曉玄牝根基，分清陰符陽火，就像雞孵卵般，等到功成行滿，自然亦修成正果。

　　六要**行法**：法之作用，就是呼風召雷，祈清請雨，行符咒水，治病驅邪。要求雨，須先擇龍潭江海，碧壑深淵，雲龍出沒之地，依照成法書篆，用鐵札扔進去。如果不應，方動用法部雷神，指明日期，登壇發用。祈禱清天，必定要誠心靜念，運動陽神，召喚風部神靈，掃除雲霧，救民疾苦。驅邪之道法，須先端正自己心態，不生忘想。若是驅趕祟怪，一定不可發送酆都，死後恐有連累，戒之慎之！如果是治病，必要仔細觀察病症，始給符水治病。

　　七要**守一**：近來見到許多修行者，有時根本就不靈

驗，呼召神將亦無回應，為何？剛開始修道之人屢次靈驗，而廣泛學習的人卻反而不成，這不是"道法"不靈驗，乃因修習之人多授廣學，反而不純一，於是元陽分散，登壇行法之時，精神不能集中一處，行法亦當然不會靈驗，有志於行持之人，定要持法守一，自然能與天地同感。若是貪多求全，反而不專，亦就不好。上古祖師之書頗多，旨在傳世以開導凡俗。豈不知祖師心中，自有持守一法之妙處，祇是不讓世人知之而已。并且行法的用印，亦不能太多，要專心使用一種法印，驅使一位神將。最重要者，是每次登壇，必須非常虔誠，一定會獲得靈驗，亦就是持守一法之效也。

　　八要**濟度**：修道之人，應要不樂奢華，不嫌貧賤，亦不能被塵俗累心，更不能讓愛慾左右。必定要恬澹自然，逍遙自在，和光同塵。首先要用符籙治病救人，普渡芸芸眾生，這就不至於沉淪。祖宗要先度，然後為五道，以自我之法力，拯救眾多沉淪之人。

　　九要**繼襲**：學道之人，得遇明師，傳授秘法，修之於身，行之於世，人天敬仰，後學皈依，豈非小事情。必要感念天地生育之恩，父母撫養之德，度師傳道之惠，是不能違背怠慢，否則怎能修成真正道法，神明亦不會保佑。而道法修成，亦不能讓其繼絕，要選擇可傳之人授之。誠然，於平日就要細心考察，能傳就傳，不可傳亦不必勉強，否則亦會得罪上天。一旦師徒相授，口訣必須正確，不能添字，亦不能刪節。若果實無人可傳授，就用石匣藏於名山福地，世運來臨，自然就會出世，亦不必要庸人自

擾。

# 讚　評

　　白玉蟾真人，乃全真道南宗第五世祖師，世稱：南宗五祖，於道教史上地位，實不在始祖：張伯端之下。

　　張紫陽一系，被承認為全真道之南宗，而與北宗齊名平起平坐，緣自白玉蟾真人肇始，是道行冠群之功也。

　　南宗一系，自白玉蟾始，以丹法之淵源，追溯及鍾離權與呂洞賓，於是提高南宗在道壇之地位。

　　南宗道派，自白玉蟾始，正式建立靖觀，組立教團，訂定規儀，設醮行符，傳承丹法，并施符籙（雷法）。白玉蟾真人，功績最大矣。

　　南宗五位祖師中，白玉蟾真人，善詩文、精書畫，著作豐贍，於學術成就，亦最顯赫。

　　南宗五位祖師中，白玉蟾真人，獨獲皇帝敕召，為國陞座主醮，觀者如堵。并召封為紫清明道真人（真人，於仙界九級中，為六品），列入仙班。

　　南宗五位祖師中，白玉蟾真人，傳授門徒最眾，再傳弟子最多，傳道地域最廣，影響力最大。於道學思想（丹道與雷法）上，地位最崇高，著名於天下。

# 卷之三　著　作

　　宋白真人（玉蟾），非但是著名的藝術家、文學家，亦係哲學家、道學家，乃南宋最富有文學及藝術天才的道宗，同時亦係海南先賢中，一名博洽群書，精研道學，窮究哲理，貫通三氏（儒、釋、道），籠罩百家的學者（宗師），其「刻苦自學」風範，暨「濟人救世」精神，更足以為後世之人矜式與垂範矣。

　　白玉蟾（本名：葛長庚）氏，天資聰敏絕倫，幼能詩賦，背誦九經，文思汪洋，頃刻千言。長而博洽儒書，究晰禪理，出言成章，文不加點，隨身無片紙，落筆滿四方（參見《三才圖會》、《古今圖書集成》氏族典・明倫彙編、《佩文齋書畫譜》、《嶺南畫徵略》紀事）。

　　白玉蟾氏，藝文素養，意境殊高，其著作豐贍（舊編散佚，多為後人編輯，梓傳於世）。於文中各書著錄款目，依次：書名（卷數）、著（編、輯）者、知見書目、刊本（叢書注）、庋藏者（冊數、書號）、案語之序。就其知見藏板，概依「四部分類法」，計分：經、子、集、藝（書類、畫類）四部，分別臚著於次，以供學者專家，暨邦人士子查考。

## 一、經　部：七種

《上方鈞天演範真經》十卷　　宋・白玉蟾著
　　民國十二～十五年(1923~1926)　上海商務印書館
　　　臺灣：中央研究院傅斯年圖書館

《太上老君說常清靜經注》一卷
　　　　　　宋・葛長庚・分章正誤
　　重刊《道藏輯要》本　　日本：東方文化研究所
　　民國五十四年(1965)　臺北市：藝文印書館影印本
　　　臺灣：國家圖書館　善本書庫：004.9
　　　　　　　　　　　　　　　嚴 5021-0728

《太上老君說常清靜經注》一卷
　　　　　　宋・白玉蟾・正誤　元・王元暉注
　　民國十二～十五年(1923~1926)　上海商務印書館
　　　臺灣：中央研究院傅斯年圖書館

《清靜經注》一卷　　海南瓊琯子白玉蟾・分章正誤
　　　　　　終南隱微子王元暉注
　　民國七十四年(1985)　新文豐出版公司　影印本
　　　臺灣：中央研究院傅斯年圖書館

《太上老君說常清靜經注》　　宋・白玉蟾・分章正誤
　　　　　　元・王元暉注　　關山閑人點校
　　一九九五年（中國版）　影刊本
　　　臺灣：中央研究院傅斯年圖書館

《九天應元雷聲普化天尊玉樞寶經集註》二卷

宋・葛長庚注（題作：海瓊白真人注）

清・蔣元庚輯《道藏輯要》本（第五〇冊）

　　臺灣：中央研究院傅斯年圖書館　231 508.1

重刊《道藏輯要》本　　　日本：東方文化研究所

民國十二～十五年(1923~1926)　上海商務印書館

　　臺灣：中央研究院傅斯年圖書館

民國五十四年(1965)　臺北市：藝文印書館影印本

　　臺灣：國家圖書館　善本書庫：004.9

　　　　　　　　　　　　　　嚴 5021-0099

民國七十四年(1985)　新文豐出版公司　影印本

　　臺灣：中央研究院傅斯年圖書館

**《金華沖碧丹經秘旨》二卷　傳一卷**

　　　　宋・白玉蟾授（亦作：葛長庚）　彭　耜受

清・蔣元庭輯《道藏輯要》本（第五九二冊）

　　臺灣：中央研究院傅斯年圖書館　231 508.1

重刊《道藏輯要》本　　　日本：東方文化研究所

民國十二～十五年(1923~1926)　上海商務印書館

　　臺灣：中央研究院傅斯年圖書館

民國五十四年(1965)　臺北市：藝文印書館影印本

　　臺灣：國家圖書館　善本書庫：004.9

　　　　　　　　　　　　　　嚴 5021-0925

民國七十四年(1985)　新文豐出版公司　影印本

　　臺灣：中央研究院傅斯年圖書館

## 二、子　部：四十一種

**《道德經寶章註》（不分卷）　　宋・白玉蟾註**
　　（中國子學名著集珍本初編・第四八冊）
民國六十七年(1978)　中國子學名著集珍本
　　臺灣：中央研究院傅斯年圖書館　120.8　877
　　國立故宮博物院圖書文獻館

**《道德寶章》一卷　　宋・葛長庚（亦作：白玉蟾）**
　　清・永瑢《四庫全書總目提要》（子部）：是書乃
白真人代表作，計分八一章，內容涉及儒、釋、道。
主張大道以無心為體，忘我為用，柔物為本，清靜為
基。薄滋味以養氣，去瞋怒以養性，處卑下以善德，
守清靜以養道。內府藏本
　　楊家駱《四庫大辭典》（頁六五五）：是書隨文標
識，不訓詁字句，亦不旁為推闡，所註乃少於本經，
語意多近於禪偈，蓋佛老同源故也。秘笈本、影刊趙
孟頫寫本、白雲觀影宋本。道家
　　元・趙孟頫寫本　　　日本：靜嘉堂文庫　一冊
　　明摹刊元・趙孟頫手寫本
　　臺灣：國家圖書館　善本書庫：312　09049
　　明萬曆間繡水沈氏尚百齋刊本
　　案：明神宗顯皇帝（朱翊銘），年號：萬曆
　　(1579~1619)，在位計四十七年。
　　臺灣：國家圖書館　善本書庫：312.2

15308-0067

明寶顏堂秘笈本（陳繼儒寶顏堂訂正本）
　　日本：東方文化研究所
　　　　　靜嘉堂文庫　　　尊經閣文庫
民國五十四年(1965) 臺北市：藝文印書館影秘笈本
　　臺灣：國立臺灣大學圖書館
清文淵閣《四庫全書》本
　　臺灣：國立故宮博物院圖書文獻館
民國七十二～七十五年(1983~1986)　臺北市：臺灣
商務印書館　影印《四庫全書》本（第一〇五五冊）
　　臺灣：各大學及文教研究機構，暨圖書館
清光緒間（年次未詳）抄本　一冊
　注：本書係孔氏嶽雪樓影抄文瀾閣四庫本
　　中國：廣東省中山圖書館

**《道德寶章》一卷　　　宋・葛長庚註**
無求備齋孝子集成初編本（第四十五冊）
　　臺灣：中央研究院傅斯年圖書館

**《道德寶章》一卷　　　周・李　耳原著**
　　　　　　宋・白玉蟾註　明・陳繼儒　陳詩教校
民國五十四年(1965)　臺北市：藝文印書館影印本
　　臺灣：中央研究院傅斯年圖書館

**《道德寶章》一卷　　　宋・葛長庚註**
民國五十四年(1965)　臺北市：藝文印書館影印本
　　臺灣：國家圖書館　善本書庫：R312.2　4581
　　　　　國立故宮博物院圖書文獻館

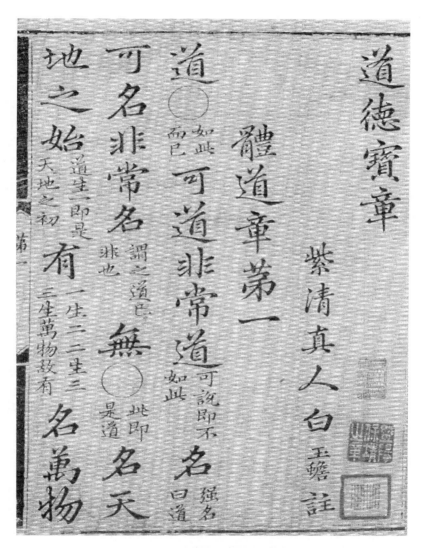

**白註《道德寶章》書影**

（國立中央圖書館藏板）

　　民國五十四年(1965)　臺北市：藝文印書館影印本
　　　（百部叢書集成　初編）
　　　臺灣：國家圖書館　善本書庫：312.1　4447
　　　　國立中央圖書館臺灣分館
　　民國六十九年(1980)　新文豐出版公司　影印本
　　　臺灣：國家圖書館　善本書庫：312.1　4261
　　　　　　　　　　　　　　　　　　　21316

　　民國七十二年(1983)　影刊本
　　一九九二年（中國刊版）　影印本
　　　臺灣：中央研究院傅斯年圖書館

**《道德寶章》一卷　　宋・葛長庚註**
　　又名：《蟾仙解老》（一卷）
　　民國五十四年(1965)　臺北市：藝文印書館影印本
　　　臺灣：中央研究院傅斯年圖書館

**《蟾仙解老》一卷　　宋・白玉蟾註**
　　一名：《道德寶章》一卷　　宋・葛長庚註
　　明寶顏堂秘笈本（第五函・彙集・第三十四冊）
　　　臺灣：中央研究院傅斯年圖書館：081.3　440
　　　日本：東方文化研究所　　尊經閣文庫
　　民國十一年(1922)　上海市：文明書局　石印本
　　　臺灣：國家圖書館　善本書庫：312.1
　　　　　　　　　　　　　　6442/23497-0163
　　　　中央研究院傅斯年圖書館
　　民國五十四年(1965)　臺北市：藝文印書館影印本
　　　（百部叢書集成　初編）

　　臺灣：國家圖書館　善本書室：R312.8

　　　　　　　　　　　　　　4713/21768-0060

民國六十九年(1980)　新文豐出版公司　影印本

　　臺灣：國家圖書館　善本書庫：0004.9

　　　　　　　　　　　　嚴 0181

民國七十四年(1985)　新文豐出版公司　影印本

　　臺灣：中央研究院傅斯年圖書館

　　　　國立故宮博物院圖書文獻館

一九八五年（中國刊版）　影印本

　　臺灣：中央研究院傅斯年圖書館

**《蟾仙解老》**　宋・紫清真人白玉蟾註　明・陳繼儒校

一九九二年（中國刊版）　影印本

　　臺灣：中央研究院傅斯年圖書館

**《太上道德寶章翼》二卷**　　宋・白玉蟾

　　　　（道藏輯要之一・正乙部）

清・賀龍讓輯《道藏輯要》二十九種，續編三十七
種，附：女丹合編一六種。

清光緒三十二年(1906)　成都二仙庵刊本

　　臺灣：國家圖書館藏：六〇冊

　　中國：廣東省立圖書館《圖書目錄》著錄

**《太上道德寶章翼》二卷**

　　　　宋・白玉蟾（葛長庚）章句

　　　　明・程以寧闡疏

民國五十四年(1965)　臺北市：藝文印書館影印本

　　臺灣：中央研究院傅斯年圖書館

國家圖書館　善本書室：R312.2

4581/21636-0099

一九九二年（中國刊版）　影印本

　　臺灣：中央研究院傅斯年圖書館

**《道德寶章注》一卷　　宋・葛長庚注　亦作：白玉蟾**

　　案：原集附刻，其中元時，有趙孟頫寫本，最爲

　　精妙，近墨梅樓有影本。

　　翻元刊本（丁丙《善本書室藏書志》著錄）

　　明刊本（元・趙子昂書）半葉六行十二字　一冊

　　　　國立中央圖書館《善本書目》（增訂本）著錄

　　　　瞿鏞《鐵琴銅劍樓藏書目錄》著錄

　　明刊本（陸時化跋）　一冊

　　　　北京圖書館《善本書目》（一九五九年版）著錄

**《地元真訣》一卷　　宋・葛長庚（亦作：白玉蟾）**

　　明刊本（道言・第六冊）　日本：內閣文庫　一冊

　　舊鈔本（一化元宗之一）

　　　　明・高時明編《一化元宗》四十六卷，計：二十

　　四冊。

　　　　臺灣：國家圖書館　善本書庫：261

09241-0021

一九九二年（中國刊版）　影印本

　　臺灣：中央研究院傅斯年圖書館

**《謝張紫陽真人書》一卷　宋・葛長庚　亦作：白玉蟾**

　　舊鈔本（一化元宗之一）

　　　　臺灣：國家圖書館　善本書庫：261 09241-0014

**《海瓊白真人語錄》四卷　　宋·白玉蟾述　謝顯道編**
　　（道藏輯要之一·正乙部）
　　清光緒三十二年(1906)　成都二仙庵刊本
　　　臺灣：國立中央圖書館（今名：國家圖書館）

**《海瓊白真人語錄》四卷　　宋·白玉蟾述　謝顯道編**
　　清《道藏輯要》本（第一〇一五冊）
　　　臺灣：中央研究院傅斯年圖書館：223　508.1

**《海瓊白真君語錄》一卷　　宋·葛長庚　　謝顯道編**
　　重刊《道藏輯要》本　　日本：東方文化研究所

**《海瓊白真人語錄》四卷　　宋·白玉蟾述　謝顯道編**
　　民國十二～十五年(1923~1926)　上海商務印書館
　　　臺灣：中央研究院傅斯年圖書館
　　民國五十四年(1965)　臺北市：藝文印書館影印本
　　　臺灣：國家圖書館　善本書庫：004.9
　　　　　　　　　　　　　　　嚴 5021-1304
　　民國七十四年(1985)　新文豐出版公司　影印本
　　　臺灣：中央研究院傅斯年圖書館

**《海瓊問道集》一卷　　宋·白玉蟾述　　留元長輯**
　　（道藏輯要之一·正乙部）
　　清光緒三十二年(1906)　成都二仙庵刊本
　　　臺灣：國立中央圖書館（今名：國家圖書館）

**《海瓊問道集》一卷　　宋·白玉蟾撰**
　　清《道藏輯要》本（第一〇一六冊）
　　　臺灣：中央研究院傅斯年圖書館：223　508.1
　　重刊《道藏輯要》本（作：宋·葛長庚）

　　　　　日本：東方文化研究所
　　　　民國十二～十五年(1923~1926)　上海商務印書館
　　　　　臺灣：中央研究院傅斯年圖書館
　　　　民國五十四年(1965)　臺北市：藝文印書館影印本
　　　　　臺灣：國家圖書館　善本書庫：004.9
　　　　　　　　　　　　　　　　嚴 5021-1305
　　　　民國七十四年(1985)　新文豐出版公司　影印本
　　　　　臺灣：中央研究院傅斯年圖書館
　　　　一九九八年　成都市：四川人民出版社　影印本
　　　　　臺灣：中央研究院傅斯年圖書館
**《瓊琯真人集》　宋・葛長庚**
　　　　　（道藏輯要之一・正乙部）
　　　　重刊《道藏輯要》本　　　日本：東方文化研究所
**《金液還丹印證圖詩》一卷　宋・白玉蟾**
　　　　　（道藏輯要之一・正乙部）
　　　　清光緒三十二年(1906)　成都二仙庵刊本
　　　　　中國：廣東省立圖書館《圖書目錄》著錄
**《海瓊全集》六卷　宋・白玉蟾**
　　　　　（道藏輯要之一・正乙部）
　　　　黃蔭普《廣東文獻書目知見錄》（頁一二四・子
　　部）著錄如次：
　　　　　日本：東方文化研究所
　　　　　中國：廣東省立圖書館　　廣東中山圖書館
**《紫清指元集》二卷　（道貫真源）　宋・白玉蟾**
　　　　　中國：上海圖書館《中國叢書綜錄》著錄

《紫清指玄集》一卷　　宋・白玉蟾
　　　（道藏精華錄）
　　　中國：廣東省立圖書館《圖書目錄》著錄
《紫清指玄集》　　宋・白玉蟾述　　清・董德寧輯
　　民國七十九年(1990)刊本
　　一九八九年　浙江　古籍出版社　影印本
　　　臺灣：中央研究院傅斯年圖書館
《白先生雜著指玄篇》八卷　《白先生金丹圖》二卷
　　　　宋・葛長庚
　　元勤有書堂刊本　　　　日本：內閣文庫　一冊
《白先生雜著指玄篇》八卷　　宋・白玉蟾
　　　（修真十書・第四冊）
　　　明・不著編人《修真十書》五十三卷，計十冊。
　　　臺灣：國立中央圖書館：487
　　明藍格舊鈔本（近人沈曾植手書題記）　一冊
　　　臺灣：國家圖書館　善本書庫：261
　　　　　　　　　　　　　09240-0004
　　　注：《諸真玄奧集成》有錄
《指玄篇》　　宋・白玉蟾
　　一九九二年（中國刊版）　影印本
　　　臺灣：中央研究院傅斯年圖書館
《前快活歌・後快活歌・大道歌・水調歌頭・酹江月・
　　五言古詞》　　宋・葛長庚
　　　（道言・第三冊）
　　明刊本　　　　日本：內閣文庫　一冊

《大道歌》　　　宋·白玉蟾
　　舊鈔本　　　　　臺灣：國家圖書館　善本書庫：261
　　　　　　　　　　　　　　　　　　09241-0037

《海瓊傳道集》一卷　　　宋·白玉蟾　　洪知常集
　　楊家駱《四庫大辭典》（頁六四八）：舊本題廬山
太平興國宮道士洪知常集，其書稱白玉蟾所傳。凡二
篇，一曰〈金丹捷徑〉，一曰〈鉤鎖連環經〉，文詞
鄙倍，殆村野黃冠所依託。道家存
　　　　　（一化元宗之一）
　　明舊鈔本　一冊
　　　　臺灣：國家圖書館　善本書庫：484
　　明刊九行本　一冊
　　　　臺灣：國立故宮博物院圖書文獻館：422
　　清《道藏輯要》本（第一〇一七冊）
　　　　臺灣：中央研究院傅斯年圖書館：231　508.1
　　民國十二～十五(1923~1926)　上海商務印書館
　　　　臺灣：中央研究院傅斯年圖書館
　　民國七十四年(1985)　新文豐出版公司　影印本
　　　　臺灣：中央研究院傅斯年圖書館

《兩山墨談》　　　宋·白玉蟾註
　　民國二十五年(1936)六月　上海市：上海商務印書
　館　鉛印本
　　乙冊（157 面）　19 公分（二十五開本）
　　　　（叢書集成初編　第三三一冊）
　　　　臺灣：國防部圖書館：083.3/1011　V.331

國立中央圖書館臺灣分館：072.6/7510

**《紫清五論》**　　宋・白玉蟾（葛長庚）

　　一九九九年　北京市：北京出版社　影刊本

　　　史仲文主編《中華經典藏書》（第六卷・道教經
　　典）收錄

**《群仙珠玉集》**　　宋・白玉蟾

　　宋嘉定七年(1214)歲次甲戌作（未見藏板）

**《木郎祈雨咒》**　　宋・白玉蟾注

　　清抄本　一冊　　　　　中國：廣東省中山圖書館

**《道法九要》**　　宋・瓊山道人白玉蟾著

　　　舊抄本（見《道法會元》卷一）

　　　孫殿起編《販書偶記》（續編）有載

**《王侍宸玄珠歌注》**　　宋・白玉蟾注

　　道藏本（見《道法會元》卷七〇）

**《雷霆三帥心錄》**　　宋・白玉蟾

　　道藏本（見《道法會元》卷八二）

**《靜餘玄問》一卷**　　宋・白玉蟾

　　道藏本（第三二冊）

　　正統道藏本（第九九七冊）

**《丹訣》**　　宋・白玉蟾

　　清同治七年(1868)戊辰刊本

　　　　　（道藏原文・空空子摹）

**《修道真言》**　　宋・白叟玉蟾子輯

　　二〇〇六年歲次丙戌中秋　貝葉林文教中心

　　　注：與《陳希夷心相編》合本

## 三、集　部：四十八種

**《宋白真人玉蟾全集》　　宋·白玉蟾　　王夢雲輯**

　　臺北市「宋白真人玉蟾全集輯印委員會」（主任委員：王夢雲），根據臺中市「東海大學」（圖書館）藏《道藏輯要》、臺南市「國立成功大學」（圖書館）藏《重編道藏輯要》（正乙部、洞真部、武夷山志），臺北市「國立中央圖書館」（今名：國家圖書館）藏《道德經寶章注》（宋·白玉蟾註、章句正誤，元·趙孟頫手書本），香港「中山圖書館」藏（白玉蟾傳略），暨「道教會」馮天心先生影贈（白真人羽衣龍髯道像），以及《瓊山縣志》等相關文獻史料，編輯出刊（精裝乙冊、十六開本），廣事流傳，以供學者專家，暨邦人士子研究參考。

　　民國六十五(1976)二月　臺北市：輯印會　影刊本
　　臺灣：國立中央圖書館臺灣分館：230.88/2615
　　　　國家圖書館　　　　國立臺灣大學圖書館
　　　　國立故宮博物院　中研院傅斯年圖書館

**《海瓊白玉蟾先生文集》四〇卷　　宋·彭　耜輯**

　　本文集係彭耜氏，手自纂集，又親為審訂，并以諸賢詩文錄於篇末，凡四〇卷。荷清湘史君紫元留兄，偕諸同志，喜其成書，相與鋟梓，有文林郎新鎮南軍節度推官潘　牥作敘（參見明·黃佐《廣東通志》、王國憲《瓊山縣志》藝文志）。

宋端平三年(1236)丙申（潘牥序）刊本　未見藏板

**《重校海瓊玉蟾先生集》八卷　附錄一卷　宋·白玉蟾**

王國憲《瓊山縣志》（卷之二〇·藝文志）云：南極遐齡老人臞仙（朱權）重新校正本，敘而刻於正統壬戌孟秋月一日。

明正統七年(1442)壬戌歲孟秋月刊本　未見藏板

**《海瓊白玉蟾先生文集》六卷　續集二卷　附錄一卷**

宋·葛長庚（白玉蟾）

明正統七年(1442)刊本（甘鵬雲跋）

中國：北京圖書館（今名：國家圖書館）

十二冊　續集二卷，配甘世恩鈔本

**《海瓊白玉蟾先生文集》六卷　續集二卷　宋·葛長庚**

明弘治年間（年次未詳）刊本

案：明孝宗敬皇帝（朱祐樘），年號：弘治(1487.8~1505.5)，在位計十八年。

清·繆荃孫《藝風藏書記·續記》著錄

明金閶世裕堂刊本　　　中國：上海圖書館

黃蔭普《廣東文獻書目知見錄》（集部·頁一三四）著錄

**《海瓊玉蟾先生文集》六卷　續集二卷　　宋·葛長庚**

明正統七年(1442)　蘇州　陳氏憙取齋刊本

中國：廣東省中山圖書館　一〇冊

莫伯驥《五十萬卷書樓藏書目錄初編》、鄧邦述《群碧樓善本書目》、張鈞衡《適園藏書志》，皆有著錄（參見黃蔭普《廣東文獻書目知見錄》集部

・頁一三三）。

明萬曆間（年次未詳）刊本

　案：明神宗顯皇帝（朱翊鈞），年號：萬曆
　　　(1572.5~1620.7)，在位計四十七年。

　　美國：國會圖書館　一十六冊

　　臺灣：中央研究院傅斯年圖書館　八冊

明刊本　　　　　　　日本：靜嘉堂文庫　八冊

　　鄧邦述《群碧樓善本書目》，鄭振鐸《西諦書
　目》著錄（見黃蔭普《廣東文獻書目知見錄》集部
　・頁一三四）。

**《海瓊玉蟾先生文集》六卷　續集一卷　　宋・葛長庚**

明刊本（瞿鏞《鐵琴銅劍樓藏書目錄》著錄）

**《海瓊玉蟾先生文集》五卷　序目一卷**

　　　　　　宋・葛長庚　　明・朱　權編

明正統七年(1442)　寧潘精刊本

　　中國：杭州大學圖書館　一〇冊

**《海瓊玉蟾先生文集》六卷　續集二卷**

　　　　　　宋・葛長庚　　明・朱　權編

明新安劉懋賢等校刊本

　　臺灣：國家圖書館　善本書庫：269　10658

明萬曆間　新安汪氏刊本

　　（明・汪士賢《漢魏名家》之一）

　　臺灣：國家圖書館　善本書庫：403.1

　　　　　　　　　　　　　13878-0022

**《海瓊玉蟾先生文集》六卷　續集二卷　　宋・葛長庚**

海瑧亡齋先生文集卷第一

南極老人臒偓重編

山陰　何繼高

汪軋行全校

新安　劉懋賢

賦

紫元賦

客此身於寰中兮，如鸚鵡之樊籠。妙此道於象外兮，如鴻鵠之飛翀。劉混沌於咸池兮，呼蘆薰而靧寰。誚元始於玉京兮，騎汗漫而泛空濛。帝密犧而國華

明·臞仙重編本書影

又名：《白玉蟾文集》　　　明・臞仙重編

明刊本（何繼高等校）　　日本：內閣文庫　七冊

## 《白玉蟾文集》六集　續集二卷

宋・葛長庚　　明・朱　權編

臺灣：中央研究院傅斯年圖書館

## 《瓊山道人集》三卷　　宋・葛長庚

（兩宋名賢小集之一）

按是《兩宋名賢小集》一百十一卷、二十四冊，係宋・陳　思編、元・陳世隆補編，近人鄧邦述過錄，清・鮑延博、勞　權二家校語及跋，并手書題記。

舊鈔本　　　　　國立中央圖書館　1286　一冊

臺灣：國家圖書館　善本書庫：403.251

14222-0055

## 《瓊琯白先生集》一〇卷　　宋・白玉蟾

明刊本　　　國立臺灣大學圖書館　41　一冊

## 《新刻瓊琯白先生集》十二卷　　宋・葛長庚

明萬曆二十二年(1594)刊本（林有聲校）

日本：內閣文庫　　尊經閣文庫　六冊

臺灣：國立臺灣大學圖書館：善本書、微捲片

## 《新刻瓊琯白先生集》十四卷　　宋・葛長庚

又名：《瓊琯白真人文集》

明劉氏安正堂刊本

日本：內閣文庫　六冊

## 《新刻瓊琯白先生集》十四卷　首一卷　　宋・葛長庚

又名：《白真人全集》

　　明刊本　　　　日本：靜嘉堂文庫　五冊

《新刻瓊琯白先生文集》十四卷　　　宋・葛長庚

　　又名《白玉蟾文集》、《白真人集》、

　　《瓊琯白真人全集》

　　明萬曆二十二年(1594)甲午歲刊本　六冊

　　　　臺灣：國立臺灣大學圖書館：善本書、微捲片

《瓊琯白真人集》十三卷　　　宋・白玉蟾

　　明萬曆二十二年(1594)甲午刊本

　　注：明・林邦瑞（閩人）校輯，何繼高作序。

《新刻海瓊白先生文集》十一卷　　　宋・葛長庚

　　明萬曆年(1573~1620)間刊本

　　日本：靜嘉堂文庫　五冊

《重編海瓊白玉蟾文集》六卷　續集二卷　宋・白玉蟾

　　清・阮　元《道光　廣東通志》（卷一九八・藝文

　略十・集部四）載（黃　佐曰：白真人集十卷，臞仙

　序，瓊山唐　胄摘出六卷，刊傳）　存

　　謹案：白玉蟾事詳釋老傳，宋・潘　牥序稱：白玉

　　　　蟾集四十卷，此本乃明寧獻王朱　權校定之

　　　　本，八卷之外有附錄一卷，集當時霞侶諸

　　　　作。黃　佐所謂臞仙者，即權之別字也。

　　　　作：十卷，誤。

《重刻白真人集》八卷　　　宋・白玉蟾　清・王時宇編

　　王國憲《民國　瓊山縣志》（卷之二〇・藝文略・

　集部）著錄，作《重刻白真人集》一〇卷

　　王時宇敘作《重刻白真人文集》，於清乾隆辛亥

冬，根據樂會王鶴洲（宗佑）藏臞仙本《真人全集》（滇西彭竹林跋）重訂。於版心題《白真人集》，目錄作《瓊山白真人詩文全集》，自卷二至卷八，皆題《海瓊白真人全集》。惟滇西人彭竹林跋，又作《重刻紫清白真人詩文全集》（王會均謹誌，以供方家暨邦人士子查考）。

　　清乾隆五十六年(1791)辛亥（王時宇序）刊本

**《重刻白真人集》十卷　　宋・白玉蟾　清・周明覺訂**

　　本《重刻白真人集》，係由楚南周明覺（增訂），江西鄒鏡湖（仝訂），新增：卷九、卷十（兩卷），並募資重刻，知瓊山縣事許寶珩（善化人）作敘。

　　清同治八年(1869)己巳　許寶珩敘刊本

　　　　注：書前牌記：中行大題《白真人集》，右行上署著為同治戊辰重鐫」。

　　　　案：清同治七年(1868)戊辰重鐫，較許寶珩敘作：清同治八年(1869)己巳，提早一年。

　　　　香港：張谷雛珍藏（著名收藏家）

**《白玉蟾全集》　　宋・白玉蟾真人**

　　民國五十八年(1969)　影印本

　　民國六十九年(1980)　新文豐出版公司　影印本

　　　　臺灣：國立臺灣大學圖書館

**《白玉蟾全集》　　宋・白玉蟾真人　彭鶴林真人輯編**

　　民國七十九年(1990)　影印本

　　　　臺灣：中央研究院傅斯年圖書館

**《白玉蟾全集》（上、下冊）　　宋・白玉蟾真人**

　　民國八十三年(1994)一月　　臺北縣新店市：自由出版社　影刊本

　　二冊　有像及圖　21 公分（二十五開本）

　　（道藏精華　第十集之二）文山遯叟蕭天石主編

　　按《白玉蟾全集》（影刊本），係據清‧周明覺增訂《白真人集》，清同治七年(1868)重鐫本。上冊：書名頁題《白玉蟾全集》，封面暨書背題名《白玉蟾真人全集》，蕭天石〈影刊白真人全集序〉末署：中華民國五十八年(1969)己酉元旦。下冊：封面、書背暨書名頁，皆題《白玉蟾全集》，版權頁末署：中華民國八十三年(1994)一月。特作注記，以備查考。

## 《白玉蟾全集校注本》　　　宋‧白玉蟾著

　　　　　　朱逸輝　王君偉　陳多餘　朱逸勇校注

　　　　　海南省詩書畫家聯誼會編（朱逸輝主編）

　　二〇〇四年三月　香港：也仕美術出版社　第一版

(29),1050 面　有彩像及圖表　21 公分　精裝

　　　　（海南歷史文化名人選集）

　　按《白玉蟾全集》（校注本），係以臺灣王夢雲（立法委員）輯印本《宋白真人玉蟾全集》為底本，并參閱蕭天石影刊本《白玉蟾全集》（上、下冊），暨《白真人集》、《玉蟾集鈔》、《太上道德寶章翼》、《玉蟾先生詩餘》等複印本。分工校注，集體研討，慎密核正，綜輯而成。

## 《白玉蟾集》（點校本）　　　宋‧白玉蟾著

　　　　　周偉民　　唐玲玲　　安華濤點校

　　二〇〇六年十月　海口市：海南出版社　第一版

　　2冊　有像圖　21公分（二十五開本）

　　附錄：白玉蟾年譜

**《白玉蟾海瓊摘彙》一〇卷　　宋·葛長庚**

　　明嘉靖十二年(1533)　唐　冑刊本　四冊

　　　　中國：北京圖書館（今名：國家圖書館）

　　　張鈞衡《適園藏書志》（一九六八年版）有錄

**《白玉蟾海瓊稿》一〇卷　　宋·葛長庚**

　　明嘉靖年(1522~1566)間刊本　五冊

　　　　日本：內閣文庫　　　靜嘉堂文庫

**《海瓊摘稿》　　明·唐　冑編**

　　王國憲《民國　瓊山縣志》（卷之二〇·藝文略·
集部）著錄（見：阮通志）。經查清·阮　元《廣東
通志》（藝文略），未見刊載（王會均謹誌）。

**《瓊琯白玉蟾上清集》八卷　　宋·葛長庚**

　　元建安余氏勤有書堂刊本

　　　丁　丙《善本書室藏書志》有錄

**《瓊琯白玉蟾上清集》八卷　　宋·白玉蟾**

　　　　（修真十書　第五冊）

　　明藍格舊鈔本（近人沈曾植手書題記）　一冊

　　　　臺灣：國家圖書館　善本書庫：261

　　　　　　　　　　　　　　　　09240-0005

**《上清集》八卷　　宋·白玉蟾**

　　道藏輯要（第一二八～一二九冊）本(231 508.1)

　　修真十書（第五冊）本(231 508.1)

民國十二～十五年(1923~1926)刊本

民國七十四年(1985)　新文豐出版公司　影印本

　　臺灣：中央研究院傅斯年圖書館

**《瓊琯白玉蟾武夷集》八卷　　宋・葛長庚**

　　元建安余氏刊本

　　　瞿　鏞《鐵琴銅劍樓藏書目錄》有錄

　　明修本（元建安余氏刊）　二冊

　　　中國：北京圖書館（今名：國家圖書館）

**《瓊琯白玉蟾武夷集》六卷　　宋・白玉蟾**

　　明藍格舊鈔本（近人沈曾植手書題記）　一冊

　　（修真十書　第三冊）

　　　臺灣：國家圖書館　善本書庫：261

　　　　　　　　　　　　　　09240-0003

**《武夷集》八卷　　宋・白玉蟾**

　　道藏輯要（第一二九冊）本(231 508.1)

　　修真十書（第三冊）本(231 508.1)

　　民國十二～十五年(1923~1926)刊本

　　民國七十四年(1985)　新文豐出版公司　影印本

　　一九九五年（中國刊版）刊本

　　　臺灣：中央研究院傅斯年圖書館

**《瓊琯白玉蟾玉隆集》六卷　　宋・白玉蟾**

　　明藍格舊鈔本（近人沈曾植手書題記）　一冊

　　（修真十書　第八冊）

　　　臺灣：國家圖書館　善本書庫：261

　　　　　　　　　　　　　　09240-0008

《新刊瓊琯白先生玉隆集》六卷　　宋・白玉蟾
　　元建安余氏勤有書堂刊本
　　朱希祖《明季史料題跋》有錄
《玉隆集》六卷　　宋・白玉蟾
　　道藏輯要（第一二七～一二八冊）本(231 508.1)
　　修真十書（第八冊）本(231 508.1)
　　民國十二～十五年(1923~1926)刊本
　　　澳門：汪孝博氏有藏（影印本）
　　民國七十四年(1985)　新文豐出版公司　影印本
　　　臺灣：中央研究院傅斯年圖書館
《海瓊白先生詩集》（摘錄本）三十九卷　宋・葛長庚
　　日本室町寫本　　　　日本：內閣文庫　一冊
《白玉蟾詩集》九卷　　宋・葛長庚
　　　（明・潘是仁《宋元名公詩集》之一）
　　明萬曆四十三年(1656)乙卯　新安潘氏原刊本
　　　臺灣：國家圖書館　善本書庫：402.51
　　　　　　　　　　　　　　　13845-0009
　　　日本：東方文化研究所　一冊
《夔管集》一卷　　宋・白玉蟾
　　　（宋詩）　　　　日本：尊經閣文庫
《白玉蟾詩》八卷　　宋・葛長庚
　　　（宋人小集）
　　清・范希仁《宋人小集》二三六卷，十一冊。
　　清古鹽范氏也趣軒刊本

臺灣：國家圖書館　善本書庫：403.251
　　　　　　　　　　　　　　14231-0008

《玉蟾詩鈔》一卷　　宋・葛長庚
　　　又作：《玉蟾集鈔》一卷　　宋・白玉蟾
　　　　　（宋詩鈔補・第八冊）
　　　　日本：東方文化研究所
　　　　臺灣：中央研究院傅斯年圖書館：831.25　683

《玉蟾先生詩餘》一卷　續一卷　　宋・白玉蟾
　　　　（彊邨叢書）
　　彊村叢書本（第十七冊）
　　　　日本：東方文化研究所
　　　　臺灣：中央研究院傅斯年圖書館：833　　103
　　民國六年(1917)　歸安朱氏刊本
　　　　臺灣：國家圖書館　善本書庫：407.11
　　　　　　　　　　　　　　2850/19897-0069
　　民國十一年(1922)　編者三次校補刊本
　　　　臺灣：國家圖書館　善本書庫：407.11
　　　　　　　　　　　　　　0741/17788-0070
　　民國七十八年(1989)　新文豐出版公司　影印本
　　　　臺灣：國立故宮博物院圖書文獻館
　　　　　　中央研究院傅斯年圖書館

《海瓊子詞》一卷　　宋・白玉蟾（葛長庚）
　　明鈔本　一冊
　　　　中國：北京圖書館（今名：國家圖書館）

《葛長庚詞》一卷　　宋・白玉蟾（葛長庚）

一九九九年　延吉市：延邊人民出版社　第一版
　　齊豫生、夏于全主編《中國古典文學寶庫》（第
二十一輯‧宋詞）收錄

《白玉蟾詩詞選》　　　宋‧白玉蟾　　主編：朱逸輝
　　朱逸輝　王君偉　陳多餘　朱逸勇校注
二○○五年八月　海口市：海南出版社　第一版
542 面　黑白圖六面、彩圖版五面　22 公分　精裝
（海南歷史文化名人選集）

## 四、藝　部：書類五種，畫類八幀。

白玉蟾真人，一生博覽群山，以寫書繪畫為樂。其事
跡多載於史冊，諸如：葛明善繪梅花，曾以〈月下梅
花〉，驚動當代朝野，人物畫尤為著名（中國美術史）。
　　白玉蟾，嗜酒苦吟，善四體書法，尤精於畫。擅長草
書，有龍翔鳳翥之勢。大字草書，視之龍蛇飛動，兼善篆
隸，妙畫梅竹，而不輕作。間自寫其容，數筆立就，工畫
者不能及。所作佛像，似吳道子。相傳鄂州城皇廟竹林，
是其真蹟（史纂左編、廣東通志、武夷山志，彭耜〈海瓊
玉蟾先生事實〉載）。錢塘‧金冬心（農），畫梅師白玉
蟾（清‧蔣寶齡《墨林今話》載）。
　　案：清‧金農，字：壽門，號：冬心、又號：司農，
　　　　別號：稽留山民，浙江省錢塘縣（今名：杭縣）
　　　　人。工畫梅，間寫佛像。
白玉蟾名蹟（墨蹟），其知見藏板，有書五種、畫八

幀，列為：藝部，分著如次，以臻完美耶。

　　夫「藝術」（藝部）者，泛指白玉蟾之墨蹟也。大凡書、畫名蹟，諸多「逸品」散失待訪，於今知見者，雖屬墨海遺蹟，唯係藝品珍珠，視同瑰寶，彌足珍貴矣。

## ㈠、書　類：五種

### 《仙廬峰六詠卷》（行書）　　宋・白玉蟾書

　　原卷，行書，紙本。高（縱）三一・五公分，長（橫）一五七・四公分。

　　本作，卷前書：奉題　仙廬峰六詠，紫清白玉蟾。卷末下角，鈐有清・朱彝尊「竹垞審定」、曹寅「楝亭秘玩」等，諸鑑藏印記。

　　是卷，自書七言絕句詩六首：乃詠廬峰之〈丹光亭〉、〈藏丹巖〉、〈梯雲棧〉、〈聽鶴臺〉、〈宣詔石〉、〈整衣壇〉六景。其書法透逸清勁，體勢爽朗，疏密有致，別具一格。

　　更具體地說，全卷書得天骨開張，字勢雄壯強健，結體奇峭，筆力勁拔。并將顏（真卿）筋、柳（公權）骨，同《瘞鶴銘》之清高閑澹，舒展奇逸融為一體。行筆過程，又偶露宋徽宗「瘦金體」飄逸之神，暨黃庭堅跌宕恣肆的筆意。就整體性言之，從中可窺其鎔鑄百家，自成一體（家）之脈絡也。

　　中國：上海博物館

### 《南宋白玉蟾行書仙廬峰六詠卷》　　宋・白玉蟾書

　　一九八二年　北京市　北京文物出版社　影刊本

臺灣：中央研究院傅斯年圖書館

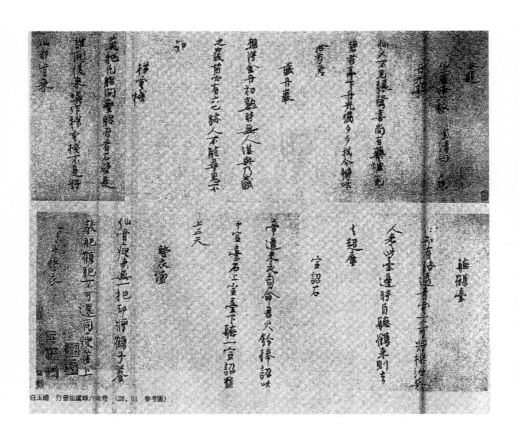

原作《仙廬峰六詠卷》書影

上海博物館編《中國書蹟大觀》（上冊）
（上海市：文物出版社　一九八八年版）

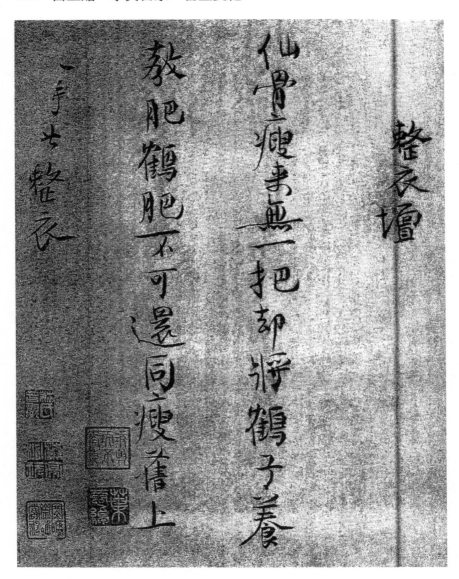

仙骨瘦來無一把
却將鶴子養
教肥鶴肥不可
還同瘦鶴上

一手書整衣

整衣壇

## 《足軒銘卷》（草書）　　宋・白玉蟾書

宋寶慶二年(1226)丙戌　手卷本

　　葛長庚《足軒銘卷》，牙色，紙本，手卷。高九寸七分（32.5公分），長一尺四寸（81.5公分）。草書二十二行，一百九十五字。

　　本作，前書：寄題足軒，奉似吾友周奘長高士，紫清白玉蟾。紙後虞伯生題，七言絕句一首，款虞翁生題，下押虞伯生、朱文二印，後有項墨林題識，暨項氏諸印。

　　本幅鈐：項元汴、耿喜祚、安歧、乾隆內府、永星、奕繪、吳湖帆等諸鑒藏印。卷後元・虞集，明・項元汴，清・永星、守虛子、綿億、崇恩，近人吳湖帆、潘靜淑題跋。署年款「寶慶丙戌」，乃南宋理宗寶慶二年(1226)歲次丙戌。

　　是件，書法筆勢清勁爽健，墨韻超凡脫俗，有晉人

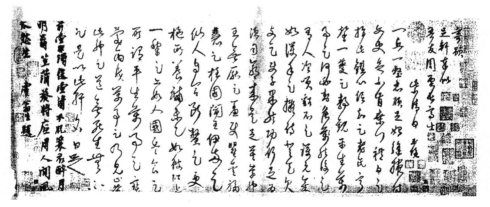

草書《足軒銘》書影

　　草書大家：張旭、懷素之墨韻，為名家精品，世所罕
見。清・顧復《平生壯觀》（卷三），安岐《墨緣彙
觀錄》（卷二）著錄。

　　　中國：北京博物院

### 《四言詩帖》（草書）　　宋・白玉蟾書

　　白玉蟾《四言詩帖》，亦作《天朗氣清詩帖》。墨
蹟，原帖，紙本。高（縱）二四・五公分，長（橫）
五二・五公分。草書，凡十一行，計五〇字，末款署
「玉蟾」二字。

　　本《天朗氣清詩》（草書），洋溢著浮游仙氣，蕩
漾著清虛神采。似有經堂清煙徐徐環繞之狀，亦有空
谷浮雲出岫之形。於筆法遠紹羲獻，章法近師旭素。
行筆氣勢非凡，情感淋漓盡致，大有晉代草書大家：
張旭、懷素之墨韻。

　　是《四言詩帖》之墨蹟與釋文，如次：

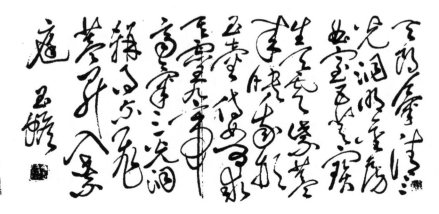

草書《四言詩帖》墨蹟

　　天朗氣清，三光洞明。金房曲室，五芝寶生。

　　天雲紫蓋，來映我形。玉童侍女，為求天靈。

　　九帝高氣，三光洞軒。得爾飛蓋，昇入紫庭。

　　是《四言詩帖》（草書），文采淡雅，中透靈氣，待人品味。尤其書法，神采清虛，俊逸流美。審窺筆勢，龍翔鳳翥，飄然飛動，看似隨意疾徐，任情揮灑，漫不經心。然筆筆精神抖擻，處處合乎法度。

　　臺灣：國立故宮博物院

## 《千字文》（草書）　　　宋・白玉蟾書

　　原卷，紙本（未見藏板）。

　　按《千字文》（草書），係據宋・楊長孺〈奉謝瓊山白逸人惠草書千家文〉（著錄），其詩云：

　　草聖龍蛇字滿千，真仙游戲筆清圓。

　　孔融枉卻知元德，杜甫何緣有一錢。

　　　　注：蕭天石編《白玉蟾全集》（冊下・頁一一七一／卷八・附載）收錄。

　　此外，特輯集白玉蟾真人之墨蹟四幀，以供書法家觀賞。諸如：

墨寶㈠

墨寶（二）

忐入混沌竅撥轉玄元機奪得
造化苻天地恋皆酥咦自從騎
鶴上天去斯衛萬古無人知

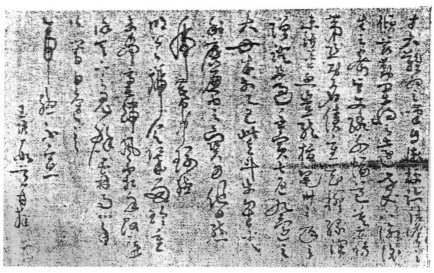

墨寶(三)

墨寶(四)

## ㈡畫　類：八幀

　　依據美・福開森（John, C. Ferguson）編《歷代著錄畫目》（民國五十七年(1968)十一月，臺北市：中華書局版）刊載：宋・葛長庚（白玉蟾）氏，繪畫名蹟，分列輯錄於次，以供方家查考。①

　　　　《修篁映水圖》　　　　　式古・二，一三六
　　　　《竹實來禽圖》　　　　　同　　　　上
　　　　《紫府真人像》　　　　　同　　　　上
　　　　《展上公像》　　　　　　同　　　　上
　　　　《純陽子像》㈡　　　　　同　　　　上
　　　　《醉道士圖》㈡　　　　　同　　　　上
　　　　《醉偈圖》　　　　　　　同　　　　上
　　　　《墨梅圖》
　　　　　注①清・卞永譽《式古堂書畫彙考》（卷三二・繪事備
　　　　　考）著錄（清《四庫全書》影本・第八二八冊）

　　綜從上列蒐輯資料窺之，南宋・白玉蟾（葛長庚）真人之著作（知見藏板），包括：經部七種、子部四十一種、集部四十八種、共九十六種。暨藝部（藝術），又有：書類五種（四刊板）、畫類八幀（八幅板）。大都是「善本書」，罕見藏板，彌足珍貴，視同瑰寶矣。

　　就文獻典籍價值言之，宋・白玉蟾真人之著作，非但是人類文化資產，亦是海南文化財，更係道學與文學之寶藏，暨「白玉蟾」研究，不可或缺的珍貴史料，殊具學術研究參考價值，深受海內外學者專家重視，更祈吾邦人士子珍惜與愛護耶。

# 卷之四　評　介

　　近十年來，海內外學者專家，暨邦人士子，相關白真人（玉蟾）之論著，爰就個人知見者，分專書與論文兩部分，分別臚著於次，以供方家查考。

## 一、專　書

　　於文中，各書著錄款目，依次：書名、著（編、輯）者、出版事項、稽核項、叢書注、案語（備注）、庋藏者（公藏板）之序。

《白玉蟾真人評介集》　　　主編：朱逸輝
　　　　　　　海南省朱熹研究會編　　編審：朱綿茂
　　二〇〇五年五月　香港：銀河出版社　第一版
　　497面　黑白圖11面　彩圖13面　22公分　精裝
　　（海南歷史文化名人選集）
　　本《白玉蟾真人評介集》，收錄古今中外相關研究白玉蟾的論述六〇餘篇，彙編成集。內容範疇廣泛，資料豐富翔實，堪可窺探其全貌。包括：序跋、賀辭、圖像、墨蹟、年譜、暨生平行誼、詩文書畫、師友至交，并對其人品、其學術、其道行之因緣、行蹤、影響，作系統化分析，綜合性研究，殊具學術研

究的參考價值，是「白玉蟾」研究，不可或缺的珍貴史料，深期學者專家，暨邦人士子重視與珍惜。

**《白玉蟾與海南道教研究文集》　　王瓊文　陸文榮編**

二〇〇六年三月　海口市：海南省地方志辦公室海南玉蟾宮管理委員會　編印本

（8),309 面　彩圖 13 幅　21 公分（二十五開本）

本《白玉蟾與海南道教研究文集》，大部分作品，採自二〇〇四年八月，舉行「白玉蟾與海南道教研討會」，諸學者專家撰交論文，有一部分係收自《中國道教》發表，而具有代表性的論著，共二十九篇，約有二十六萬餘言。對於「白玉蟾與海南道教文化」研究，具有學術研究參考價值焉。

**《孤鶴駕天風──南宗五祖白玉蟾》　　安華濤著**

二〇〇八年四月　海口市：南方出版社　海南出版社　第一版

(10),279 面　有像圖　23 公分

（海南歷史文化大系　名人卷）

本《孤鶴賀天風──南宗五祖白玉蟾》，其主要內容，除前言及附錄：白玉蟾年譜外，計分：十二章、四〇目，分別列著於次，以供方家查考。

第一章　家世溯源及其他

　　一、祖父來瓊掌教　　二、葛家落籍瓊州

　　三、玉蟾生面不凡　　四、母親改嫁他鄉

第二章　與大道結緣

　　一、媚道是南北宋的風氣

　　　　　（學位論文）

## 《宋代丹道南宗發展史研究》　　曾金蘭

　　　　——以張伯端與白玉蟾為中心

　　民國九十六年(2007)七月　臺南市：國立成功大學歷史研究所　博士論文　指導教授：丁　煌

　　325 面　有圖表　27 公分

　　本文以丹道南宗發展史為研究主題，考察南宗五祖：張伯端、石泰、薛道光、陳楠、白玉蟾等五人之交游與行跡，以其訪道、傳道路線為主軸，觀察丹道南宗的傳播走向與社會和政治變遷的關係。

　　丹道南宗的形成與轉變，與鍾呂丹道關係密切，特

別是與陳摶、劉海蟾的師承關係，備受矚目。張伯端一生跌宕起伏，所著《悟真篇》對後世丹道影響極大，但對於求道、成道與傳道過程，卻因史料之間彼此矛盾，而呈現莫衷一是的看法。本文經由史料之交叉比對與分析，校正某些盲點，重建張伯端求道與傳道的經歷路線。而其從天台到西蜀、秦隴，亦標幟北宋丹道發展的三個重心。特別是秦隴一地，是北宋關學的中心，張伯端在此地是否影響張載心性論的建構，或是南宗心性論係受張載所影響，是文從編輯張伯端《青華秘文》一書的「門人王邦叔」著手，發現王邦叔為白玉蟾之再傳弟子，因此認為《青華秘文》內容的主張是否為張伯端所有，應審慎看待。

其次，經由石泰、薛道光二人活動範圍之考察，認為薛道光在常州所遇者為石泰，而非師祖伯端。而陳楠活動範圍在瓊州、閩廣、杭州與湘南之間，與石泰和薛道光在常州和杭州、嘉定府等地活動相較，顯亦進入南北宋之交，張伯端道法的傳播範圍，依宋朝版圖的遷移，從秦鳳漸往宋境的南方擴展，對丹道南宗的發展亦有相當影響。

南宗五祖白玉蟾，對於建立南宗宗派組織，居功厥偉。從雲游路線與經歷，可看出傳教活動是有計畫性與階段性的。在嘉定九年(1216)至十年(1217)之間，主要以武夷山和龍虎山，往浙東餘杭為主的傳教活動。翌年(1218)往江南西路北部活動，與西山、九宮山、盧山各宮觀主持道士進行密切交往，是其道派活動的

最高潮。此後活動範圍較前擴展，並稍往西推進至荊湖南、北路。但其行跡不明無史料可證者，為嘉定十七年(1224)至寶慶二年(1226)，以及寶慶三年(1227)至紹定二年(1229)。於是期間可能是白玉蟾將道法拓展至廣南東、西路的南進傳道行程。若從交游對象分析，除道士與禪僧外，可明顯看出南宗以上層知識份子為傳道對象的事實。特別是與曾任閩廣兩地官員的交往特別密切，白玉蟾可能經由這種因地緣關係產生的文官文化交游社團，例如：詩社組織等，進行其傳道工作。

全書內容，計分：七章一十八節，附表附圖各有六，依目次分列如次，以供方家查考。

《白玉蟾謫仙與內丹思想研究》　　王儷蓉

民國九十六年(2007)七月　新竹市：國立清華大學

中國文學研究所　碩士論文　　指導教授：楊儒賓

206面　有圖表　27公分

　　南宗五祖白玉蟾，作為一個道教徒，不失於道教徒修煉外丹、內丹的特色。內丹學包含著內丹術語的層次性與同一性，內丹的理論（心性論），內丹的實踐法門（工夫論），進行修煉，亦就內丹學的開展。

　　白玉蟾道教思想的特色，在於從謫仙信仰中，觀察出天上原型的謫謫經過，以及就其思鄉情懷所發展出的內丹修煉，此內丹修煉有著心性上的意義與追求，並具有各種工夫實踐過程，包含詳實的諸多心法，三仙修煉法門，體內的煉丹等。經此逆與返，再次返回原所來處。於此中除進行自身理論的深入剖析，暨研究探討的過程中，更可體認其內丹學的豐富內涵。

　　本《白玉蟾謫仙與內丹思想研究》，全書內容，計分：六章二十四節，依目次分列如次，以供方家先進，暨邦人士子查考。

《白玉蟾丹道、雷法學蠡探》　　廖文毅
　　民國九十八年(2009)六月　臺南市：國立成功大學
中國文學研究所　碩士論文　　指導教授：林金泉

292 面　有圖表　27 公分

　　白玉蟾是南宋著名的煉丹家，思想博大精深，丹道與雷法兼傳。其丹道傳自金丹派南宗，雷法則淵源於神霄派雷法。白玉蟾順應時勢，結合丹道與雷法而集其大成，在南宋道教史上佔有重要地位。

　　白玉蟾的丹道，包括外丹與內丹，認為外丹難煉而無成，內丹易煉而有成，故以內丹為主，其內丹的基本理論為三教歸一論、性命論、鼎器論、藥物論與火候論。功法次第則為初關煉形、中關煉氣、上關煉神。白玉蟾匯通前者之理論與後者之實踐，相輔為用，在心的統合下逆煉成仙。

　　白玉蟾的雷法，以人身為小宇宙，以天地為大宇宙，透過修煉個人的先天一炁，感應天地的五行之炁，藉以達成「我即雷神，雷神即我」的境界，並運用書符、念咒、掐訣、步罡等法術濟世救人。且設立修行場所，成立教團，制定教規，廣收門徒，使金丹派南宗脫胎換骨，更上一層。

　　經由內丹與雷法的融合，白玉蟾開創了南宗發展的新契機，以道、法、心、玄關一竅為思想內核，完備了「煉丹～施雷～成仙」的修煉進程，對南宗與其他教派皆產生重要影響。

　　本《白玉蟾丹道、雷法學蠡探》，全書內容，計分為六章二十二節，附錄：白玉蟾生平紀要。依目次：

第一章　緒　論
第一節　研究概況與研究動機

# 二、論　文

　　按「論文」部分，收自海內外各地期刊、報紙，暨論文集之相關資料，概作分目。於文中各篇之著錄款目，依次：篇名、著（編、輯）者、出刊時地、刊名、卷期、頁次、案語之序，分項著列如次，以供方家查考。

## ㈠、書　目（書評）

〈哲人・道宗・文學家──白玉蟾及其著作綜錄〉
　　　　　　　王會均
　　民國九十四年(2005)一月　臺北市《廣東文獻》（季刊）　第三十三卷　第一期(129)　頁一三～二一（上）
　　民國九十四年(2005)四月　臺北市《廣東文獻》（季刊）　第三十三卷　第二期(130)　頁三五～四四

176　白玉蟾：學貫百家　書畫雙絕

（下）

〈白玉蟾著作綜錄〉　　王會均

　　朱逸輝主編《白玉蟾真人評介集》（頁三〇四～三三二）收錄：目次題名〈白玉蟾著作輯錄〉

〈宋白玉蟾著作綜錄〉　　王會均

　　王瓊文　陸文榮編《白玉蟾與海南道教研究文集》（頁二七二～二九二）收錄

〈白玉蟾著作的刊行及流傳情況述略〉　　張興吉

　　朱逸輝主編《白玉蟾真人評介集》（頁一二五～一三四）收錄

〈白玉蟾著作版本考〉　　周偉民　　唐玲玲

　　王瓊文　陸文榮編《白玉蟾與海南道教研究文集》（頁二六六～二七一）收錄

**（書　評）**

〈臺灣版《宋白真人玉蟾全集》讀勘〉　　王君偉

　　一九九五年三月十六日　海口市《海南史志》總第二〇期（一九九五年　第一期）　頁五八～六二

〈研究白玉蟾的重要史料〉　　張興吉

　　～談朱逸輝等先生校注《白玉蟾全集》

　　朱逸輝主編《白玉蟾真人評介集》（頁一二二～一二四）收錄

〈讀《白玉蟾全集校注本》感賦〉　　鄭邦利

　　朱逸輝主編《白玉蟾真人評介集》（頁三九一）收錄

〈讀《白玉蟾全集校注本》有感〉　　　王衍鏊

　　朱逸輝編《白玉蟾真人評介集》（頁三九二）收錄

〈三教之書　靡所不究〉　　　李明天

　　～讀《白玉蟾全集》校注本

　　朱逸輝主編《白玉蟾真人評介集》（頁五四～五
八），收錄。

〈讓海南歷史文化重放異彩〉　　　林安彬

　　朱逸輝主編《白玉蟾真人評介集》（頁五九～六
三），收錄。

〈南宋哲學大師白玉蟾〉　　　周　松

　　～《白玉蟾全集校注本》讀後感

　　朱逸輝主編《白玉蟾真人評介集》（頁六六～
七〇），收錄。

〈閑適其貌　賢哲其心〉　　　林　虎

　　～讀《白玉蟾全集校注本》

　　朱逸輝主編《白玉蟾真人評介集》（頁八二～八
六），收錄。

### ㈡、序　跋

〈海瓊玉蟾先生文集原序〉　　　宋・潘　牥

　　王夢雲輯《宋白真人玉蟾全集》（卷之首）、蕭天
石編《白玉蟾真人全集》（上冊）、朱逸輝校注《白
玉蟾全集》（卷首），收錄。

〈重編《海瓊玉蟾先生文集》原序〉　　　明・瞿　仙

　　王夢雲輯《宋白真人玉蟾全集》（卷之首）、蕭天

石編《白玉蟾真人全集》（上冊）、朱逸輝校注《白玉蟾全集》（卷首），收錄。

〈瓊琯白真人集序〉　　明・何繼高

王夢雲輯《宋白真人玉蟾全集》（卷之首）、蕭天石編《白玉蟾真人全集》（上冊），朱逸輝主編《白玉蟾真人評介集》（頁三八～三九），收錄。

〈白真人文集後跋〉　　明・林有聲

王夢雲輯《宋白真人玉蟾全集》（卷之首）、朱逸輝《白玉蟾全集》校注本（卷首）、朱逸輝主編《白玉蟾真人評介集》（頁四〇～四一），收錄。

〈重刻《紫清白真人詩文全集》跋〉　　清・彭翥竹林

王夢雲輯《宋白真人玉蟾全集》（卷之首）、朱逸輝《白玉蟾全集》校注本（卷首）、朱逸輝主編《白玉蟾真人評介集》（頁四二～四三），收錄。

〈重校《白真人文集》跋〉　　清・林　桂

王夢雲輯《宋白真人玉蟾全集》（卷之首）、朱逸輝主編《白玉蟾真人評介集》（頁四四），收錄。

〈重刻《白真人文集》敘〉　　清・王時宇

王夢雲輯《宋白真人玉蟾全集》（卷之首）、蕭天石編《白玉蟾真人全集》（上冊）、朱逸輝主編《白玉蟾真人評介集》（頁四五～四六），收錄。

〈重刻《白真人集》敘〉　　清・許寶珩

王夢雲輯《宋白真人玉蟾全集》（卷之首）、蕭天石編《白玉蟾真人全集》（上冊）、朱逸輝主編《白玉蟾真人評介集》（頁四七～四八），收錄。

〈影刊《白真人全集》蕭序〉　　蕭天石

　　王夢雲輯《宋白真人玉蟾全集》（卷之首）、蕭天石編《白玉蟾真人全集》（上冊）、朱逸輝主編《白玉蟾真人評介集》（頁四九～五三），收錄。

〈宋白真人玉蟾全集輯後記〉　　楊　群

　　民國六十五年(1976)五月　臺北市《海南同鄉會會刊》　第七期　頁二五～二七

〈在《白玉蟾全集校注本》首發式上的講話〉　符氣浩

　　朱逸輝主編《白玉蟾真人評介集》（頁六四～六五），收錄。

〈挖掘古老的精神礦石〉　　孔　見

　　～寫在《白玉蟾全集校注本》出版之際

　　二○○四年七月二十五日　海口市《海南日報》第八版

　　朱逸輝主編《白玉蟾真人評介集》（頁一○○～一○三），收錄。

〈賀《白玉蟾全集校注本》出版〉　　林道鈺

　　朱逸輝編《白玉蟾真人評介集》（頁三九三）收錄

〈心通三教　學貫九流〉　　陳蘇厚

　　～《白玉蟾全集》校注本序

　　朱逸輝主編《白玉蟾真人評介集》（頁一三～一六），收錄。

〈《白玉蟾全集》校注本跋〉　　朱逸輝

　　朱逸輝主編《白玉蟾真人評介集》（頁三九四～三九九），收錄。

〈宣傳瓊州歷史名人　打造海南文化強省〉　　王瓊文
　　〜在「白玉蟾與海南道教學術研討會」上的講話
　　朱逸輝主編《白玉蟾真人評介集》（頁七一〜八
　一），收錄。
　　王瓊文　陸文榮編《白玉蟾與海南道教研究文集》
　（序一），題名〈在「白玉蟾與海南道教學術研討
　會」上的講話〉。

〈白玉蟾的可貴之處〉　　劉道利
　　〜白玉蟾與海南道教學術研究初步得益
　　朱逸輝主編《白玉蟾真人評介集》（頁一〇四〜一
　一二）收錄

〈白玉蟾的可貴之處〉　　劉道利
　　王瓊文　陸文榮編《白玉蟾與海南道教研究文集》
　（頁九二〜九七）收錄

〈為往聖繼絕學　為生人振氣質〉　　鍾　文
　　〜《白玉蟾真人評介集》序
　　朱逸輝主編《白玉蟾真人評介集》（頁一〜三），
　收錄

〈彪炳藝林　經世之宗〉　　朱綿茂
　　〜《白玉蟾真人評介集》序
　　朱逸輝主編《白玉蟾真人評介集》（頁四〜七），
　收錄

《白玉蟾與海南道教研究文集》（序二）　　陸文榮
　　王瓊文　陸文榮編《白玉蟾與海南道教研究文集》
　（序二）著錄

## ㈢、彙　考

〈關於道教金丹派南宗第五祖白玉蟾幾個問題的探索〉
　　　　　何敦鏵

　　一九九九年　《世界宗教研究》　第四期　頁五
九～六八

　　朱逸輝主編《白玉蟾真人評介集》（頁一七五～一
九九），收錄。

〈白玉蟾真人遺事考〉　　　王萬福

　　民國四十八年(1959)一月　臺北市《海南簡訊》
（復刊）　第五期　頁一一～一三

〈道教南宗考略〉　　　任林豪　　　陳肅岐

　　一九八九年　北京市《中國道教》　第一期

〈白玉蟾生卒年份考辨〉　　　蓋建民

　　一九九九年　上海市《上海道教》　第三期

　　朱逸輝主編《白玉蟾真人評介集》（頁二四九～二
五四），收錄。

〈白玉蟾生卒歲疑〉　　　符和積　　　符　穎

　　二〇〇五年　《中國道教》　第三期　頁四八

　　朱逸輝主編《白玉蟾真人評介集》（頁二五五～二
五九）收錄，題名：〈白玉蟾生卒年疑〉。

〈白玉蟾生卒年歲疑〉　　　符　穎　　　符和積

　　王瓊文　陸文榮編《白玉蟾與海南道教研究文集》
（頁二二七～二二九）著錄

〈也談白玉蟾生卒年代及有關問題〉　　王尊旺　　方寶璋

〜兼評近年來有關白玉蟾問題研究

二〇〇三年　《世界宗教研究》　第三期　頁九三～一〇七

《白玉蟾故里考》　　王夢雲

民國五十六年(1967)十月　臺北市《南風》　第七期　頁三一

朱逸輝主編《白玉蟾真人評介集》（頁二六〇～二六一），收錄。

〈白玉蟾姓名居里考〉　　王家槐（嘉懷）

民國六十二年(1973)十月　臺北市《海南文獻》第四期　頁一四～一九

〈尋訪白玉蟾故里〉　　蒙樂生

朱逸輝主編《白玉蟾真人評介集》（頁二六二～二七〇），收錄。

〈白玉蟾故里行〉　　朱逸輝

朱逸輝主編《白玉蟾真人評介集》（頁二七一～二八二），收錄。

〈道教南宗五世祖白玉蟾故里游記〉　　劉海蟾

二〇〇九年　《仙家文化》　09~30

〈白玉蟾行踪考〉　　王尊旺

二〇〇〇年八月　臺北市《道韻》　第七輯

〈白玉蟾生平繫年考略〉　　方寶璋

二〇〇〇年八月　臺北市《道韻》　第七輯

〈白玉蟾的生卒年月及其有關問題考辨〉　　謝金良

二〇〇一年　《世界宗教研究》　第四期　頁六

二～七二

〈白玉蟾生卒及事迹考略〉　　曾召南

　　二〇〇一年　《宗教學研究》　第三期　頁二七～三五

　　王瓊文　陸文榮編《白玉蟾與海南道教研究文集》（頁二〇二～二一八）收錄

〈論白玉蟾生平中的兩大疑題〉　　吳庭薈

　　～與臺灣學者王夢雲、韓介光先生商榷

　　王瓊文　陸文榮編《白玉蟾與海南道教研究文集》（頁二二二～二二六）載錄

## 四、道　行

〈白玉蟾思想探微〉　　陳多餘

　　朱逸輝主編《白玉蟾真人評介集》（頁一一三～一二一），收錄。

　　王瓊文　陸文榮編《白玉蟾與海南道教研究文集》（頁一三六～一四一）亦錄

〈歷盡辛勞為創新道教事業作出貢獻〉　　何敦鏵

　　～著名道士白玉蟾初探

　　一九九二年　福州市《福州師專學報》（社會科學版）　第一期

　　朱逸輝主編《白玉蟾真人評介集》（頁二二八～二三六），收錄。

〈白玉蟾南宗傳系及其五祖略析〉　　員信常

　　朱逸輝主編《白玉蟾真人評介集》（頁二三七～二

四八），收錄。

王瓊文　陸文榮編《白玉蟾與海南道教研究文集》
（頁五七～六四）亦錄

〈白玉蟾與道德寶章〉　　韓介光

民國八十三年(1994)元月　臺北市《海南文獻》
（革新版）　第二期　頁三九～四八

王會均編《龔國大代表少俠將軍紀念集》（頁一二
三～一三二），有載。朱逸輝主編《白玉蟾真人評介
集》（頁三三七～三四七），亦錄。

〈白玉蟾與朱熹〉　　南懷瑾

原係《中國道教發展史略》（第五章　第三節），
朱逸輝主編《白玉蟾真人評介集》（頁三四八～三四
九），轉錄。

〈白玉蟾的道行與學術〉　　王萬福

～簡述南宋嘉定間全真道教一位奔走救亡的道宗

原載《海南文化論集》（頁一～二一），朱逸輝主
編《白玉蟾真人評介集》（頁三五〇～三五六）節
錄。

王瓊文　陸文榮編《白玉蟾與海南道教研究文集》
（頁一四二～一四五），亦有節載。

〈白玉蟾與教團南宗全真道〉　　朱逸輝

朱逸輝主編《白玉蟾真人評介集》（頁三五七～三
六四），收錄。

〈白玉蟾對金丹派南宗思想的總結和發展〉　　郭　武

一九九四年九月　《道教文化》　第五卷　第九期

　　頁二四～三七

〈白玉蟾と南宋江南道教〉　　日・橫手裕

　　一九九六年　京都《東方學報》　第六十八冊　頁
七七～一八二

〈試論白玉蟾對老子學說的解釋與發揮〉　　劉固盛

　　民國八十八年(1999)八月　臺北市《道韻》　第五
輯

〈白玉蟾及其門人的「三教合一」與朱熹理學〉
　　　　　　　　樂愛國

　　民國八十八年(1999)八月　臺北市《道韻》　第五
輯

〈白玉蟾丹道養生思想發微〉　　蓋建民　　黃凱端

　　民國八十八年(1999)八月　臺北市《道韻》　第五
輯

〈南宋內丹學與雷法──兼及白玉蟾的雷法思想〉
　　　　　　　　李遠國

　　民國八十八年(1999)八月　臺北市《道韻》　第五
輯

〈白玉蟾學道修煉的一生〉　　何敦鏵

　　二○○○年　上海市《上海道教》　第二期　頁二
七～二九

〈白玉蟾與《蟾仙解老》〉　　毛慶耆

　　二○○○年一月　廣州市《暨南學報》（哲學社會
科學）　第二十二卷　第一期　頁五五～六五

　　王瓊文　陸文榮編《白玉蟾與海南道教研究文集》

（頁一九一～二〇一）收錄

〈論白玉蟾的道教思想〉　　尹志華

　　民國八十九年(2000)八月　臺北市《道韻》第七輯

〈論玉蟾的科儀法術〉　　張澤洪

　　民國八十九年(2000)八月　臺北市《道韻》第七輯

〈白玉蟾內丹思想在南宗中的地位簡論〉

　　　　　　日‧松下道信

　　二〇〇〇年九月　《中國哲學研究》　第十五號

　　　　注：原〈關於全真教南宗中的性命說的展開〉

　　　　　　一文之第二章的翻譯及修改版。

　　收在《二十一世紀中國道教展望——茅山中國道教

文化研討會會議論文集》　頁一六九～一八一

〈白玉蟾與金丹派南宗〉　　王家忠

　　二〇〇二年　海口市《海南師範學院學報》（人文

社會科學版）　第十五卷　第二期　頁六九～七四

〈簡論白玉蟾的內丹心性思想〉　　呂錫琛　　賀福安

　　二〇〇三年　上海市《上海道教》　第二期　頁二

九～三一

〈白玉蟾の內丹說〉　　日‧鈴木健郎

　　二〇〇三年十二月　《東方宗教》　第一〇二號

頁一～二三

〈白玉蟾的三教合一思想及其宗教調適性〉　　劉延剛

　　二〇〇四年　《宗教學研究》　第二期　頁一五

六～一五八

〈白玉蟾の雷法說〉　　日‧鈴木健郎

二〇〇四年五月　《東方宗教》　第一〇三號　頁
二一～四〇

〈白玉蟾とその出版活動──全真教における師授意識
　　の克服〉　　日・松下道信

二〇〇四年十一月　《東方宗教》　第一〇四號
頁二三～四二

〈論白玉蟾對南宋道教科儀的新創──兼論南宗教團的
　　雷法〉　　張澤洪

二〇〇四年十一月　武漢市：《湖北大學學報》
（哲學社會科學版）　第三十一卷　第六期　頁六九
四～六九九

〈略論白玉蟾雷法在丹道修煉中的作用〉　　鄭慶雲

二〇〇六年　《宗教學研究》　第一期

〈舊時猿鶴煩傳話　記取前回白玉蟾──海瓊真人與武
　　夷道人交游析論〉　　黃永鋒

二〇〇六年　《宗教學研究》　第三期　頁三三～
三六

〈白玉蟾在西山的活動及其對淨明道的影響〉　　郭　武

二〇〇六年　北京市《中國道教》　第二期　頁二
一～二三

〈論白玉蟾的道教思想〉　　鄭朝波

二〇〇六年　海口市：《海南廣播電視大學學報》
第三期　頁七五～七七

〈白玉蟾《道德寶章》的心性理論及其歷史作用〉
　　　　李英華

二〇〇七年　北京市《中國道教》　第二期
〈白玉蟾修道思想管窺〉　　黃永鋒
　　廈門大學文學院《武夷山世界文化遺產監測與研究》　第二輯
〈白玉蟾對中國道教的貢獻及在中國文化學術史上的地位〉　周偉民　　唐玲玲
　　王瓊文　陸文榮編《白玉蟾與海南道教研究文集》（頁三七～五六）收錄
〈白玉蟾成道逆叛性格初探〉　　胡曉秋
　　王瓊文　陸文榮編《白玉蟾與海南道教研究文集》（頁一四六～一四九）收錄
〈淺析白玉蟾成道思想踪迹〉　　崔開勇
　　王瓊文　陸文榮編《白玉蟾與海南道教研究文集》（頁二一九～二二一）收錄

## （廟　宇）

〈南宗宗壇──玉蟾宮〉　　海南玉蟾宮管理委員會
　　王瓊文　陸文榮編《白玉蟾與海南道教研究文集》（頁二九三～三〇七）載錄

## ㈤、行　誼

〈海瓊玉蟾先生事實〉　　宋·彭　耜
　　王夢雲輯《宋白真人玉蟾全集》（卷之十一·附錄／頁七一六～七一八）、蕭天石編《白玉蟾真人全集》（上冊，頁二九～三九）、朱逸輝主編《白玉蟾

真人評介集》（頁三一～三五），轉錄。

〈神仙通鑑白真人事蹟三條〉　　清・彭鬝竹林

　　王夢雲輯《宋白真人玉蟾全集》（卷之十一・附錄／頁七一八～七二二），蕭天石編《白玉蟾真人全集》（上冊，頁四一～六三），有錄。

〈白玉蟾〉　　王君偉

　　一九九〇年九月三十日　海口市《海南史志》　總第二期(1990/2)　頁四六～四八

　　朱逸輝主編《白玉蟾真人評介集》（頁二〇～二七）收錄

　　王瓊文　陸文榮編《白玉蟾與海南道教研究文集》（頁七九～八三）亦錄，其題名為〈一代宗師白玉蟾〉。

〈白玉蟾生平事迹初探〉　　何敦鏵

　　一九九二年　《中國道教》　第一期（總 21 號）頁三一～三六

〈道教丹鼎派之奇才白玉蟾〉

　　一九九六年　福州市《福建宗教》　第一期　頁三五

〈莫笑瓊山僻一偶　有人飽讀世間書〉　　王業隆

　　～紀念海南傑出先賢白玉蟾八七〇歲冥壽

　　朱逸輝主編《白玉蟾真人評介集》（頁八九～九九），收錄。

〈研究白玉蟾的現實意義〉　　林道鈺

　　朱逸輝主編《白玉蟾真人評介集》（頁一三五～一

三九），收錄。

〈白玉蟾骨氣的重大意義〉　　朱修松

朱逸輝主編《白玉蟾真人評介集》（頁一七〇～一
七四），收錄。

〈道教金丹派南宗第五祖白玉蟾〉　　何敦鏵

朱逸輝主編《白玉蟾真人評介集》（頁二〇〇～二
二七），收錄。

〈踏遍江湖　名滿天下〉　　朱逸輝

～紀念哲學大師白玉蟾誕辰八七〇周年

朱逸輝主編《白玉蟾真人評介集》（頁二八三～
三〇三）收錄

王瓊文　陸文榮編《白玉蟾與海南道教研究文集》
（頁六五～七八）亦錄

〈白玉蟾其人〉　　蘇雲峰

朱逸輝主編《白玉蟾真人評介集》（頁三三三～三
三六），收錄。

〈瓊籍文化宗師白玉蟾〉　　朱逸輝

二〇〇四年　海口市《海南大學學報》（社會科學
版）　第二十二卷　第二期　頁二〇三～二〇四

朱逸輝主編《白玉蟾真人評介集》（頁三六五～三
七一），收錄。

〈笑指武夷山下，白雲深處吾家〉　　孫亦平

二〇〇〇年　《世界宗教文化》　第二期（總 22
期）　頁五八

〈濁世佳公子　蟾宮謫仙人〉　　盧國龍

　　——白玉蟾的求道之旅及歸隱之鄉

　　二〇〇三年　《中國道教》　第四期　頁九～一九

　　王瓊文　陸文榮編《白玉蟾與海南道教研究文集》
（頁一三～三六）收錄

〈白玉蟾：海南文化史上第一人〉　　杜　衡

　　二〇〇三年六月三日　海口市《海南日報》第八版

〈白玉蟾生卒年及其年譜〉　　王君偉

　　王瓊文　陸文榮編《白玉蟾與海南道教研究文集》
（頁二五八～二六五）收錄

〈白玉蟾年譜〉　　朱逸輝

　　朱逸輝主編《白玉蟾真人評介集》（頁三八五～三
九〇）收錄

　　王瓊文　陸文榮編《白玉蟾與海南道教研究文集》
（頁二五二～二五七）亦錄

〈白玉蟾年譜〉　　周偉民　　唐玲玲

　　周偉民編校《白玉蟾集》（下冊・附錄），暨安華
濤《孤鶴駕天風——南宗五祖白玉蟾》（附錄：頁二
五二～二七五），有載錄。

　　王瓊文　陸文榮編《白玉蟾與海南道教研究文集》
（頁二三〇～二五一）亦錄

〈南宋の道士白玉蟾の事蹟〉　　日・宮川尚志

　　一九八二年（一作：一九七八年）　東京市《東洋
史論集：內田吟風博士頌壽紀念》（京都：同朋社出
版）

〈白玉蟾生平略考〉　　郭　武

　　　　一九九五年　　《道教文化》　　第五卷　　第十一期
　　頁三四～四一

〈地方志中的白玉蟾生平簡歷〉　　　　謝金良
　　　　民國八十九年(2000)二月　　臺北市《道韻》　　第六
　　輯

〈白玉蟾生平事迹考略〉　　　　李遠國
　　　　民國八十九年(2000)八月　　臺北市《道韻》　　第七
　　輯

〈道教南宗大師白玉蟾〉　　　　劉化冬
　　　　一九九三年　　《氣功與科學》　　第四期　　頁三六

〈道教大哲　老子傳人〉　　　　吳庭薈
　　　　王瓊文　陸文榮編《白玉蟾與海南道教研究文集》
　　（頁九八～一○八）收錄

〈白玉蟾：南宗五祖之一的南宋道士〉（圖）
　　　　二○○九年十月十六日　　海南省《定安新聞網》

## ㈥、詩　文

〈白玉蟾與道教及詩〉　　　　王春煜
　　　　朱逸輝主編《白玉蟾真人評介集》（頁一四○～一
　　四六），收錄。

〈畫、仙、道──白玉蟾咏物詩的三層結構〉　陳　波
　　　　朱逸輝主編《白玉蟾真人評介集》（頁一四七～一
　　五四）收錄
　　　　王瓊文　陸文榮編《白玉蟾與海南道教研究文集》
　　（頁八四～八九）亦錄

〈白玉蟾詩詞賞析三則〉　　　許榮頌

　　　朱逸輝主編《白玉蟾真人評介集》（頁一五五～一
　　六一），收錄。

〈白玉蟾旳道家思想和詩詞創作〉　　　包德珍

　　　朱逸輝主編《白玉蟾真人評介集》（頁一六二～一
　　六九），收錄。

〈詩成造化寂無聲〉　　　詹石窗

　　　——武夷散人白玉蟾詩歌與艮背修行觀略論

　　　一九九七年　《宗教學研究》　第三期　頁二四～
　　三二

〈白玉蟾詩詞論要〉　　　詹石窗　　　林鳳燕

　　　民國八十九年(2000)八月　臺北市《道韻》第七輯

〈金丹派南宗詩詞論要〉（節選）　　　詹石窗

　　　王瓊文　陸文榮編《白玉蟾與海南道教研究文集》
　　（頁一六五～一九○）收錄

〈瀰漫求仙色彩的詞作：白玉蟾道教神仙詞析論〉

　　　　　　　林鍾勇

　　　二○○四年十一月　《世界宗教學刊》　第四期
　　頁一五五～一九二

〈煙霞供嘯詠　泉石瀹精神〉　　　孫燕華

　　　——白玉蟾詩文特色散論

　　　二○○○年　北京市《中國道教》　第二期　頁三
　　六～四一

　　　王瓊文　陸文榮編《白玉蟾與海南道教研究文集》
　　（頁一○九～一二○）收錄

　　——白玉蟾美學思想初探

　　二〇〇三年　《社會科學研究》　第三期　頁五
九～六五

　　王瓊文　陸文榮編《白玉蟾與海南道教研究文集》
（頁一二一～一三五）收錄

〈白玉蟾「止止」說的生態美學意味〉　　趙鵬升

　　二〇〇六年　《南平師專學報》　第二十五卷　第
六期　頁七九～八一

# 卷之末　結　語

　　宋‧白玉蟾真人，天資聰敏穎異，才華橫溢超絕。乃海南宋代最著名的藝術家、文學家、哲學家，暨道學家。

　　白玉蟾氏，自幼刻苦自學，博洽群書，精通儒學、佛學、道學，尤以「丹道學」理論，暨修煉金丹與雷法之卓越成就，於道學界佔有崇高的地位，暨不可泯滅的價值。

　　白玉蟾氏，乃藝術家，善四體書法，尤精於畫。其草字視之，若龍蛇飛動，兼善篆、隸，尤妙畫梅竹人像，而不輕作。間或自寫其容，數筆立就，工畫者不能及也。於《宋白真人玉蟾全集》，民國六十五年(1976)二月，臺北市：《宋白真人玉蟾全集》輯印委員會（主任委員：王夢雲），影印本，精裝一冊（十六開本），尚輯存其墨寶四幀，暨自畫像和自贊文。

　　白玉蟾氏，非但是文學家，亦係著名詩人，舉凡足跡所經皆有題詠，其時儒釋道界名士，以求得其詩文為榮。所作詩章，有唐音，亦有宋體。從形式窺之，有五言、六言、七言、絕句，律詩、古體，就風格言之，有似陶淵明、李白、王維，千姿百態，美不勝言。而在武夷之題詠：〈九曲什詠〉（十首），輕描淡寫，瀟洒超脫，濃炙人口。吾瓊先賢：丘文莊（濬）、唐西洲（冑）、王桐鄉（佐）、王宏誨，亦深為稱許與景仰矣！

　　白玉蟾「隨身無片紙，落筆滿四方」，或應酬唱和，或旅居題壁，或酒後放歌，或應請償索，或弟子問道，或伏案著述，或講經傳道，文思汪洋，無暇思索，頃刻千言。其著述與詩詞「百體并陳，洋洋洒洒」，於仙逝後，乃由弟子蒐集輯梓，流傳於世（參見卷之三〔著作〕集部），殊受道界與學林士子重視及珍惜。

　　此外，餘如所著：記、序、跋、疏、銘、傳之類，亦多係優美的散文。近代國際著名文學大師：林語堂博士，更稱讚其〈慵庵銘〉，乃雋永之傑作也。

　　白玉蟾氏，亦係哲學家，自幼刻苦勤學，博覽群經，學貫三氏（儒、釋、道）。其道學思想雖源於老子，惟亦深受朱熹理學影響。於哲學之相關著述殊多，然《道德寶章》，乃真正之代表作，全書共八十一章，內容深涉於儒、釋、道之堂奧焉。

　　白玉蟾氏，主張〈大道〉以無心為體，忘我為用，柔物為本，清淨為基，薄滋味以養氣，去瞋怒以養性，處卑下以善德，守清靜以養道。此「辭尊、居卑、謙退、容忍」，不為天下先，是乃掌控情勢待蓄而發，以退為進，講求禮讓，先禮後兵，非常適合中國人天性，惜因執政者，認為「嘗得罪忘命，益姦忘流也。」（參見《四庫全書》提要）

　　白玉蟾《道德寶章》，其旁註無足取，原注文古、辭簡、義深、旨幽，然博大高明處，可與三國時代（魏・哲學家）王弼《老子注》，暨《老子指略》倫比，且有別一格之妙。惟最著名《道藏輯要》一書，並未將其輯錄，反

而係清·紀昀《四庫全書》，收錄於〈子部〉（十四），且有「其書既頗有可取，則其人亦不足深詰矣。」之著錄與稱頌焉。

　　白玉蟾真人，乃南宋著名的道學家，亦係道教金丹派南宗（道派創始人）五世祖，師承陳楠（四世祖）得其真傳「內丹修煉」、「神霄雷法」秘訣。其主張「性命雙修」，並融攝調和「儒、釋、道」三教（精粹），形成新的獨特道派。

　　白玉蟾以內丹歸結為心，曰「丹者心也，心者神也，陽神之謂陽丹，陰神之謂陰丹，其實皆丹也。」又云「聖人以心契之（指導），不得已而名之曰道，以是知心即道也。」並認為此「契道」之心，乃「儒、釋、道」（三教）共同之源，就「以此理質之儒書則一也，以此理質之佛典則一也，所以天下無二道也，天下即無二理，聖人之心豈二用耶。」於是顯見，其調和三教，暨結納禪宗之特徵者也（卿希泰《中華道教簡史》頁一八九）。

　　白玉蟾於丹法修煉上，力主「性命雙修」，先命後性，修煉分為「煉形、煉氣、煉神」三關，以凝神聚氣為入手處，於〈玄關顯秘論〉云：「形固則神全」。在《海瓊傳道集》，更詳闡其具體修法（十九條）要訣，強調修煉應自始至終以調心為要，靜定無為，忘形絕念，從佛教禪法中吸取不少方法。

　　白玉蟾〈玄關顯秘論〉、〈修仙辨惑論〉、〈性命日月論〉、〈陰陽昇降論〉、〈金液還丹賦〉，皆被輯入《海瓊白真人語錄》。其門人所輯《海瓊白真人語錄》、

《海瓊問道集》、《海瓊傳道集》、《靜餘玄問》，皆以闡論「內丹」為主也。

此外，《鶴林問道篇》、《烏兔經》、《鉤鎖連環經》、《丹訣》、《金液還丹印證圖詩》……，亦係研究白玉蟾道教內丹修煉（氣功養生）之珍貴資料。

綜而言之，白玉蟾真人，非但是一位「度世濟人」的道宗，同時亦係一名「博洽群書」之哲人，因係道士，崇尚道學，遭被貶黜，未與蘇（軾）、朱（熹）齊名，誠屬憾惜耶。

緣自元初，由於釋、道激化，於元憲宗五年(1255)乙卯，因《化胡經》與《老子八十一化圖》之爭，全真教（李志常）和少林長老（福裕），在御前論道以後，道教漸趨式微，道藏乏人問津。尤以明、清兩代，近五百五十年來，儒家在政治上，獲取絕對的優勢與庇護，主政者尊儒崇佛抑道，道學（家）著作亦遭受歧視，致使一時名顯滿天下之白玉蟾真人，遂為後世之人所遺忘，殊深痛惜與感慨矣！

宋・白玉蟾真人，其生平行誼（事蹟），依清・阮元《道光　廣東通志》、明誼《道光　瓊州府志》、董天功《武夷山志》，暨王國憲《民國　瓊山縣志》（不勝枚舉）等文獻典籍史料，刊載稍有異同，除附會神仙事跡不足信外，白玉蟾真人，不特詩文造詣深邃，即其書畫猶足稱道，兼以博洽群書，精研道學，窮究哲理，乃中國最富有文學、藝術天才之道宗，在海南先賢中，於丘文莊（濬）公外，其著作之豐，無所倫比耶。

　　誠如：鄉先賢王忠銘（宏誨）公，於〈張事軒（子冀）集序〉云：「吾鄉自丘文莊相，而白海瓊仙，二先生詩文出，業已彪炳藝林，為出世經世之宗，後之作者不可及已。」於是顯示，白玉蟾真人之文學著作，依然與日月山川，永垂不朽矣！

　　近數十年來，由於時代變遷，社會多元化，民智開放激化，宗教信仰自由化，家庭化，亦國際化。於今，臺灣的寺廟、教堂林立，信奉者眾，各立門戶。不僅道教於宮觀、廟府、殿壇之間，成立社團，相互扶持，交流參拜。而對於佛教、回教、天主教、基督教、摩門教，然諸教並立，間亦互不排斥，而寬容兼蓄，共存共榮焉！

# 附　錄：索　引

　　本〈索引〉（Index）計分：專書與論文二部分，採作（編、輯）者暨書（篇）名合列方式。著錄項目，依次：作者、書（篇）名、頁次之序，檢索方便。

　　本〈索引〉，作者（姓名）依筆劃、筆順：點（、）、橫（－）、直（｜）、撇（丿）、捺（乀）之次序編列，未著作者統列於後「無姓氏者」下，以供查考。

## 一、作者暨書名索引

### 四　畫：王

### 六　畫：安、朱

九　畫：洪

洪知常（宋）

　　《海瓊傳道集》（集）…………………………………… 136

十　畫：唐、海、留

唐　胄（明）

　　《海瓊摘稿》（編）……………………………………… 146

唐玲玲

　　《白玉蟾集》（點校）…………………………………… 145

海南玉蟾宮管理委員會

　　《白玉蟾與海南道教研究文集》（同編）…… 162

海南省地方志辦公室

　　《白玉蟾與海南道教研究文集》（同編）…… 162

海南省朱熹研究會

　　《白玉蟾真人評介集》（編）………………………… 161

海南省詩書畫家聯誼會

　　《白玉蟾全集校注本》（編）………………………… 145

留元長（宋）

　　《海瓊問道集》（輯）…………………………………… 133

十一畫：陳、陸

陳多餘

　　《白玉蟾全集校注本》（校注）………………… 145

　　《白玉蟾詩詞選》（校注）…………………………… 150

陳詩教（明）

　　《道德寶章》（校）……………………………………… 128

陳繼儒（明）

## 二、作者暨篇名索引

# 參考文獻史料

《道教源流》　　傅代言

　　民國十六年(1927)　上海市　中華書局

《道教概說》　　陳彬龢

　　民國二十三年(1934)　上海市　商務印書館

《中國道教史》　　傅勤家

　　民國二十六年(1937)　上海市　商務印書館

《道教史概論》　　傅勤家

　　民國三十六年(1947)　上海市　商務印書館

《道藏源流考》　　陳國符

　　民國三十七年(1948)　上海市　中華書局

《中華道教簡史》　　卿希泰

　　民國八十五年(1996)　臺北市　中華道統出版社

《宋白真人玉蟾全集》　　宋・白玉蟾

　　民國六十五年(1976)　臺北市　全集輯印委員會

《白玉蟾全集》　　宋・白玉蟾

　　民國八十一年(1992)　臺北縣新店市　自由出版社

《道光　廣東通志》（藝文略）　　清・阮　元修

　　民國五十七年(1968)　臺北市　華文書局　影印本

（據清道光二年修，同治三年重刊本）　第五冊

《民國　瓊山縣志》（藝文志）　　王國憲纂

　　　　民國五十三年(1964)　臺北市　瓊山縣志重印委員
會　影印本（據清宣統三年開雕　民國六年刊本　瓊
山學校藏板）

《廣東文獻書目知見錄》　　黃蔭普

　　　　一九七二年九月　香港　崇文書店

《海南文獻資料簡介》　　王會均

　　　　民國七十二年(1983)十一月　臺北市　文史哲出版
社

《我們對道教應有的認識》

　　　　民國九十年(2001)二月　宜蘭縣冬山鄉　道教總廟
三清宮管理委員會

《白玉蟾真人評介集》　　朱逸輝主編

　　　　二〇〇五年五月　香港　銀河出版社　第一版

《白玉蟾與海南道教研究文集》　　王瓊文　　陸文榮

　　　　二〇〇六年三月　海口市　海南省地方志辦公室
海南玉蟾宮管理委員會

《孤鶴駕天風──南宗五祖白玉蟾》　　安華濤

　　　　二〇〇八年四月　海口市　南方出版社　海南出版
社　第一版　　（海南歷史文化大系　名人卷）

《宋代丹道南宗發展史研究》　　曾金蘭

　　　　──以張伯端與白玉蟾為中心

　　　　民國九十六年(2007)七月　臺南市　國立成功大學
歷史研究所　博士論文

《白玉蟾謫仙與內丹思想研究》　　王儷蓉

　　　　民國九十六年(2007)七月　新竹市　國立清華大學

中國文學研究所　碩士論文

**《白玉蟾丹道、雷法學蠡探》**　　**廖文毅**

民國九十八年(2009)六月　臺南市　國立成功大學

中國文學研究所　碩士論文

# 撰者專著

## 一、海南文獻叢刊

**海南文獻資料簡介**
　　　民國七十二年　　臺北市　　文史哲出版社

**海南文獻資料索引**
　　　民國七十七年　　臺北市　　文史哲出版社

**日文海南資料綜錄**
　　　民國八十二年　　臺北市　　文史哲出版社

**海南方志資料綜錄**
　　　民國八十三年　　臺北市　　文史哲出版社

**走向世界　全盤西化：陳序經**
　　　民國九十五年　　新北市　　國立臺灣圖書館

**海南王曰琪公次支系譜**
　　　民國九十九年　　臺北市　　文史哲出版社

**海南方志探究　（上下冊）**
　　　民國一○一年　　臺北市　　文史哲出版社

**海南文化人**
　　　民國一○二年　　臺北市　　文史哲出版社

**海　瑞：明廉吏　海青天**
　　　民國一○二年　　臺北市　　文史哲出版社

**白玉蟾：學貫百家　書畫雙絕**
　　民國一〇二年　臺北市　文史哲出版社

**海南建置沿革史**
　　民國一〇二年　臺北市　文史哲出版社

**南海諸島史料綜錄**
　　民國一〇二年　臺北市　文史哲出版社

**羅門・蓉子：點線面**
　　民國七十八年　臺北市　手稿本

**王祿松：詩畫家　點線面**
　　民國九十三年　臺北市　手稿本

## 半完稿待梓者

　　丘濬：神童・賢輔・宗師（風格、勛業，待完稿）

　　海南作家與作品（建卡完）

　　海南公文書類綜錄（尚待抄稿）

　　海南戲曲（緒言、結語）

　　陸官校：海南校友錄（資料完備尚待抄稿）

　　海南文獻知見錄（1950 年後、中國出版品）

　　海南文獻待訪錄（佚書錄）

　　海南文獻史料綜錄（增補本）

　　歷代瓊人著述書錄（待抄稿）

　　廣東文獻：海南史料通檢（半完稿）

　　海南文史評論集（結集中）

# 二、和怡書屋叢刊

**公共行政書錄**
　　　　民國六十八年二月　臺北市　手稿本
**中華民國企業管理資料總錄**
　　　　民國六十八年　臺北市　哈佛企業管理顧問公司
**公文寫作指南**
　　　　民國七十二年　臺北市　文史哲出版社
**縮影圖書資料管理**
　　　　民國七十二年　臺北市　文史哲出版社
**視聽資料管理：縮影研究**
　　　　民國七十四年　臺北市　文史哲出版社
**縮影資訊系統研究**
　　　　民國七十七年　臺北市　文史哲出版社
**同文合體字**
　　　　民國一〇一年　臺北市　文史哲出版社
同文合體字字典（待印中）
廣東八大先賢綜傳（半完稿）
和怡書屋文集（輯印中）

海南文獻叢刊‧方志二

# 海南方志探究

## 上冊

### 王會均著

文史哲出版社印行

王著《海南方志探究》書影
文史哲出版社本